VOUS LE
Valez Bien!

Mon parcours à la recherche de l'amour et l'estime de soi dans le Père

JULIE HOUSE

Vous le valez bien: mon parcours à la recherche de l'amour et l'estime de soi dans le Père
Droits d'auteur © 2017 par Julie A. House

Tous les droits sont réservés. Aucune partie de ce livre ne peut être reproduite, stockée dans un système de récupération ou transmise sous quelque forme ou par quelque moyen que ce soit—électronique, mécanique, photocopie, enregistrement ou autre—sans l'autorisation écrite préalable du titulaire du droit d'auteur. L'accent mis sur les Écritures appartient à l'auteur. L'auteur a choisi de ne pas mettre en majuscule satan ou toute référence au diable.

Publié par **You Are Worth It Ministries**
Chester, SC 29706
www.JulieHouse.org

Sauf indication contraire, tous les versets des Écritures sont tirés de La Sainte Bible, version Louis Second traduit 1910.

Conception de la couverture: Cathy Sanders, www.csbookdesign.com
Rédacteurs: Cheryl Jenkins, Cathy Sanders, Sandra Robinson
Formatage intérieur: Cathy Sanders
Rédactrice: Tiffany Colter

2022 Traduit en Français par «CHABINO Translations» (République du Bénin)E-mail: chabinotranslations@gmail.com
Tel: +229 95980518 / 97218411
ISBN: 978-1-7360543-2-1 (imprimé)
            978-1-7360543-3-8 (version numérique)

Deuxième impression:2021
Imprimé aux États-Unis d'Amérique
Pour une distribution mondiale

Dédicace

Je dédie ceci, mon premier livre, à mon Père céleste. Tu m'as protégée pendant cinq décennies et tu as patiemment attendu que je te donne tout de moi. Tu fais quelque chose de nouveau en moi et tu traces un nouveau chemin pour ma vie. Merci de m'avoir choisie, de continuer à me transformer et, surtout, de m'aimer inconditionnellement.

C'est drôle, j'ai voyagé vers divers horizons du monde pour trouver quelqu'un, quelque chose ou un endroit pour combler le vide intérieur. J'ai cherché la pièce manquante de l'énigme pour combler mon vide, mais je suis retournée les mains vides.

Père céleste, je n'avais à aller nulle part, n'est-ce pas? Tu étais avec moi tout le temps et tu ne m'as jamais quittée. Tu étais tout ce dont j'avais besoin. Ton amour était ce qui me manquait et WOW, tellement d'amour à donner. Que ton amour dont tu as rempli mon cœur, coule à travers moi et touche ton peuple. Puisse ton peuple te voir Toi et ton amour en moi.

Merci pour le soin et l'attente à mon endroit. Tu es mon Père céleste et je t'aime!

Contents

Mes Débuts   11

  1   L'amour D'un Pere   13
  2   Ma Croissance   17
  3   Les Rivalites Peuvent Etre Douces-Ameres   23

Mes Errances   29

  4   La Vraie Rebellion   31
  5   Sa Protection Parfaite   37
  6   Mon Holorge Sonore   45

Ma Transformation   51

  7   Ma Prise De Conscience!   53
  8   Embrassez-Vous   61
  9   La Graine Dormante A L'interieur De Vous   65
 10 Ma Reddition   71
 11 Notre Obeissance Est Tout   79
 12 Envolez-Vous Comme Un Aigle   89

Avant-propos

Vous *Le Valez Bien* vous inspirera à surmonter les obstacles de la vie et à poursuivre votre destin. J'ai eu le plaisir de connaître et de travailler personnellement avec Julie. Elle a transformé sa vie interne et externe et s'en est sortie victorieuse pour en parler. Julie a la passion de voir des individus de tous horizons obéir à leur destin. Je vous encourage à lire *Vous Le Valez Bien* et à vous en inspirer pour poursuivre votre destin.

Brian Kenney
**Fondateur de Wellness for Life et
Brian Kenney Ministries**

Introduction

Une personne proche de moi m'a dit une fois: «Penses-tu vraiment que tu pourras vivre le rêve américain—un mari, deux enfants et une maison avec une clôture blanche— avec les choix que tu fais?» Je m'interroge encore à ce jour sur ces propos. Pourquoi ai-je fait les choix que j'ai fait?

Nos vies ont été mises en mouvement bien avant notre premier souffle. Nous avions tous des points de départ, des histoires familiales et des circonstances différentes. Vous êtes-vous déjà assis et avez-vous imaginé à quoi votre vie aurait pu ressembler si vous aviez fait des choix et des décisions différents? Ils semblaient justes à l'époque en fonction des informations dont nous disposions ou que nous avons choisi de prendre en compte.

Fermez les yeux, remontez le temps et imaginez ce que ce serait si vous étiez né de parents différents, viviez dans un autre quartier, état, pays ou même à une autre époque. Ou que se passerait-il si vous étiez élevé par deux parents au lieu d'un ou par vos grands-parents?

Pour moi, que se passerait-il si j'avais choisi maîtriser toutes les langues auxquelles j'ai été exposée au fil des ans et de les parler couramment; pratiquer ma clarinette ou saxophone quelques heures de plus par jour chaque semaine et devenir un musicien accompli; étudier plus intensément et obtenir mon diplôme avec mention au lycée; choisir une autre université; fournir plus d'efforts à développer mes compétences en volleyball plutôt qu'en basketball et ma bourse de division m'aurait conduite dans une direction différente; faisant la connaissance de personnes différentes, aspirant plus loin qu'un niveau universitaire et créant ainsi un New Jersey fort / me reconnecter avec le Réseau de New York une fois la compétition de basketball en Europe terminée? Tant de «et si»—toutes les expériences, les occasions manquées, les chagrins et même la douleur. Un changement dans l'un de ces domaines, aurait pu modifier mon destin de manière permanente.

D'un autre côté, et si nos vies se sont déroulées exactement comme l'avait prévu notre Créateur? Et s'il y avait un but réel pour toutes nos épreuves, tempêtes, luttes, chagrins et souffrances? Je crois qu'après toutes ces années, il y a un but divin pour ma vie. Je ne peux pas dire que je vois encore totalement la situation dans son ensemble ou la direction précise dans laquelle je me dirige, mais mes pas ont été ordonnés. Dans le Psaume 37:23, il est dit, «*L'Éternel affirmit les pas de l'homme, Et il prend plaisir à sa voie.*»

Je suis sur un nouveau chemin ces jours-ci. Mon but et mon destin me sont dévoilés et révélés quotidiennement. Je fais à présent quotidiennement confiance au Seigneur pour tout, totalement et complètement. Cela m'a donné une paix que je n'ai jamais ressentie ni expérimentée.

Je sais maintenant que la première moitié de ma vie était pour un but divin; chaque mauvais virage que j'ai pris, mes bonnes mais pas grandes décisions; des amis que je me suis faite; des routes que j'ai parcourues; des larmes que j'ai coulées—tout cela a servi à me transformer pour être capable de faire une différence et avoir un impact sur vous.

Mes Débuts

Car je suis l'Éternel, ton Dieu, Qui fortifie ta droite, Qui te dit: Ne crains rien, Je viens à ton secours.
Esaïe 41:13

1

L'amour D'un Pere

De loin l'Éternel se montre à moi: Je t'aime d'un amour éternel; C'est pourquoi je te conserve ma bonté.
Jérémie 31:3

Je n'ai pas grand souvenir de ma petite enfance, seulement de ce qu'on m'a dit ou que j'ai vu à plusieurs reprises sur les photos de famille du dimanche de Pâque avant l'église, les anniversaires ou le matin de Noël. Je m'assois et fouille dans mes souvenirs, mais il n'y en a pas beaucoup dont je puisse me souvenir.

J'étais l'une des trois filles qui grandissaient en banlieue dans les années 60. J'étais la cadette, ce qui a fait de moi la pacificatrice, ne voulant jamais causer de dégâts et avoir à faire des confrontations. Dans Matthieu 5:9 il est dit, «*Heureux ceux qui procurent la paix, car ils seront appelés fils de Dieu!*» C'était moi! En plus d'être artisane de la paix, j'étais aussi une solitaire. Ma sœur aînée m'a dit un jour: «Tu devras aller dans ton propre petit monde.» En tant que petite fille, c'est ainsi que j'ai commencé à faire face à des circonstances hors de mon contrôle.

VOUS LE VALEZ BIEN!

À l'âge de cinq ans, ma structure familiale avait radicalement changé. Mes parents ont décidé qu'il valait mieux se séparer, ce qui les a finalement amenés à divorcer. Ma mère a ramené mes sœurs et moi à Hagerstown, Maryland. Au moment où j'ai pu me souvenir, vivre dans un environnement familial sans père était ma vie normale. Nous avions des contacts et des visites de façon régulière, mais ce n'était pas la même chose que d'avoir votre père vivant sous le même toit que vous.

Mon opinion maintenant, en tant que chrétien né de nouveau, est que Dieu voulait qu'une famille se compose à la fois d'une mère et d'un père travaillant ensemble pour élever leurs enfants. Et, plus important encore, de les élever pour Le servir. Mais ma situation était hors de mon contrôle et ma vie était en marche. Je n'avais aucune idée de l'impact que cela aurait sur moi, mais je venais de comprendre comment tout ceci influait sur notre esprit et notre cœur, car il s'accumule dans nos racines pour former notre fondation.

Un élément essentiel de notre fondation consiste à établir Dieu au centre de la famille et à planter ses graines lorsque les enfants sont jeunes. Dans Proverbes 22:6, il est dit, «*Instruis l'enfant selon la voie qu'il doit suivre; Et quand il sera vieux, il ne s'en détournera pas.*» Ce dont mon esprit et mon âme avaient besoin, c'était de voir une présence masculine pieuse et un modèle quotidien dans ma vie. Toutes les petites filles ont besoin de voir et d'apprendre à partir des exemples réels de leur père sur la façon dont elles doivent être aimées et traitées dans différents cas et relations. Il est si important de leur montrer l'amour de Dieu dans différentes situations de la vie depuis le début.

Je ne suis pas sûr que les pères comprennent vraiment la responsabilité qu'ils ont envers leurs filles. Les pères ont de nombreux rôles différents dans une famille. Il est, bien sûr, le père

JULIE HOUSE

de ses filles, mais il est aussi le mari de leur mère. Ses filles regardent comment il traite leur mère et elles prennent des notes mentales quant à leurs attentes vis-à-vis de leurs futurs maris. Éphésiens 5:25 dit, «*Maris, aimez vos femmes, comme Christ a aimé l'Église, et s'est livré lui-même pour elle.*»

Les pères montrent leur amour en ayant un travail stable, en aidant à la maison, en nettoyant la vaisselle après le dîner, en pliant le linge ou même en faisant passer l'aspirateur de temps en temps. Il encourage sa femme par des câlins affectueux, en tenant la portière ouverte, en aidant à mettre son manteau et s'assurer qu'elle marche du côté sécurisé du trottoir pendant qu'ils se promènent.

Vous voyez, ces actes de gentillesse, de courtoisies, ne sont pas pratiqués par la plupart des hommes de cette génération—les futurs gendres. Les pères doivent établir des normes élevées pour leurs filles. Les filles ne devraient pas s'offrir à n'importe qui leur prête attention. Les pères doivent être le prolongement de l'amour de notre Père céleste pour nous sur la terre. Votre futur mari doit être votre meilleur ami, votre compagnon d'entraînement, votre âme sœur et votre amant. Les lignes de communication doivent être ouvertes. Il devrait toujours y avoir respect mutuel, encouragement quotidien et compréhension.

Les pères doivent être dans votre vie et s'y impliquer. L'implication positive des pères ou des personnes semblables à un père a un impact sur le caractère, l'estime de soi, les choix et les relations futures. Ce manque d'influence positive peut être dévastateur pour une famille et ses enfants. Les pères doivent passer du temps à aider leurs enfants à faire leurs devoirs, à leur parler de la façon dont la journée s'est déroulée ou même à aller à des événements sportifs ou à des concerts. Ces types de soutien et d'implication positifs montrent aux enfants qu'ils comptent et qu'ils sont aimés.

VOUS LE VALEZ BIEN!

Notre exemple ultime d'amour est Dieu. «*Car Dieu a tant aimé le monde qu'il a donné son Fils unique, afin que quiconque croit en lui ne périsse point, mais qu'il ait la vie éternelle.*» (Jean 3:16). Il vous montre comment vous devez être aimé—inconditionnellement, toujours et pour toujours. Il est toujours avec vous et ne vous abandonnera ni ne vous quittera jamais! Il est toujours pour vous! Il croit en vous! Il vous donnera la paix, le repos, la force et les réponses. C'est ce à quoi ressemble l'amour. Dieu est amour et il veut que vous vous souveniez qu'*Il vous aime!*

Points à considérer

1. Pourquoi est-il important d'avoir un modèle masculin pieux dans votre vie de jeune femme?

2. Quand vous étiez jeune, vous souvenez-vous que votre père était impliqué dans votre vie?

3. Comment savez-vous que Dieu vous aime?

2

Ma Croissance

Car nous sommes son ouvrage, ayant été créés en Jésus Christ pour de bonnes œuvres, que Dieu a préparées d'avance afin que nous les pratiquions.
Ephésiens 2:10

Je suppose qu'en grandissant, j'étais heureuse à vue d'œil. J'étais l'enfant cadet sympathique élevé par ma mère. Je ne sais pas si c'était le port de lunettes depuis la deuxième année qui me faisait me sentir moche ou si c'était parce que j'étais toujours la plus élancée de ma classe. Mes parents sont tous les deux grands de taille, donc ce n'était pas anormal pour moi. Ma mère me disait constamment: «redresse tes épaules; sois fière de ta taille.» Alors je l'ai fait. En marchant dans la rue, je jetais un coup d'œil dans les vitrines des magasins pour m'assurer que mes épaules étaient redressées. C'est drôle les choses dont nous nous souvenons des personnes influentes dans nos vies.

Vous savez que tous ces commentaires ou croquettes, si vous voulez, sont déposés dans votre «tirelire» individuelle. Ils façonnent votre personnage: qui vous êtes et deviendrez éventuellement.

Votre estime de soi est une partie importante de votre caractère. C'est votre attitude par rapport à votre valeur propre.

VOUS LE VALEZ BIEN!

Cela reflète votre opinion émotionnelle de vous-même. La façon dont vous vous voyez compte! C'est la base de votre caractère, de vos fondements, de vos valeurs et de vos croyances. Comment vous voyez-vous?

Comme il est dit dans Éphésiens 2:10, nous sommes l'ouvrage de Dieu. Vous considérez-vous comme un ouvrage? Nous avons été pensés et formés par le Créateur de l'univers. Dès le plus jeune âge, nous devons tous savoir «qui nous sommes» et «à qui nous sommes.» Connaître les réponses à ces questions aidera à établir une image positive et une estime de soi.

Au fur et à mesure que votre personnage se développe, cela se reflète dans la façon dont vous vous sentez, pensez, croyez et vous comportez. L'école est l'un de nos terrains d'entraînement pour développer notre caractère et notre estime de soi. Pour moi, j'ai été encouragée à participer à des activités parascolaires comme les devinettes et les éclaireuses. À l'école primaire, j'ai été initié à différents instruments de musique dont le violoncelle, mais j'ai choisi de jouer de la clarinette. Finalement, j'ai progressé vers la clarinette alto et le saxophone au lycée. J'avais un penchant pour l'athlétisme, mais je n'avais jamais participé à une compétition avant de prendre de l'âge. Chacune de ces activités et expériences était une petite partie de mon caractère et de la construction de mon fondement, et un morceau de qui je deviendrais éventuellement.

Je peux dire que j'ai eu une enfance positive, malgré la fréquentation de quatre écoles primaires différentes, deux collèges et un lycée. J'ai été vraiment bénie. Nous avions toujours eu le nécessaire: une maison agréable pour vivre, de beaux vêtements, beaucoup de nourriture et de l'amour. Ma mère était alors, et est toujours, une femme très forte, indépendante et aimante qui était aussi une travailleuse acharnée. Quand je repense à tout ce qu'elle a fait, je ne sais pas comment elle a pu s'en sortir.

JULIE HOUSE

Mes sœurs et moi avons appris à travailler dur pour ce que nous voulions accomplir, alors le travail acharné nous a été inculquées comme un trait de caractère positif. Nous devions toujours terminer nos tâches le samedi matin AVANT de regarder des bandes dessinées. Cela signifiait qu'on devait s'assurer que nos chambres étaient nettoyées et organisées, les lits faits, la maison dépoussiérée et aspirée et les salles de bains nettoyées.

Pendant la semaine, il y avait un tableau des tâches à suivre pour l'heure du dîner: mettre la table pour le dîner et débarrasser la table, rincer et laver la vaisselle, sécher et ranger la vaisselle, balayer le sol et sortir les poubelles. Ensuite, il y avait des travaux extérieurs comme la tonte de la pelouse, la taille des haies et le pelletage de la neige, qui étaient généralement mes tâches. Quelles tâches de construction de personnage vous souvenez-vous avoir dû faire lorsque vous grandissiez?

J'ai personnellement ajouté une autre activité de création de personnage à ma liste de choses à faire à l'âge de douze ans. J'ai commencé à nettoyer une grande ferme en pierre pour les amis de ma mère afin de gagner de l'argent personnel. C'était du travail, mais aussi amusant. C'était le début de mon indépendance personnelle. À ce jour, je suis comme un enfant pour toutes les personnes qui vivaient dans cette maison. Bien qu'ils aient tous quitté la ferme, j'ai continué à nettoyer pour eux tous. J'avais une petite entreprise d'entretien composée de quatre maisons. Finalement, je suis devenu trop occupée et j'ai cédé quelques maisons à ma jeune sœur.

N'est-il pas étonnant de voir à quel point Dieu est bon, même si nous ne le réalisons pas? Il m'a donné l'occasion de continuer à développer mon estime de moi et mon caractère en nettoyant les maisons. Il m'a mis dans des environnements de vie et de travail sûrs pour apprendre et grandir. Il a continué à déposer en moi partout où j'allais. Dieu sait de quoi vous et moi avons besoin avant qu'on demande!

En grandissant et pendant mon cursus au lycée, j'ai eu du succès académique grâce à l'effort supplémentaire que j'ai fourni. Sur le plan sportif, j'ai excellé avec l'aide de personnes formidables qui étaient mes entraîneurs ainsi que le soutien et les encouragements de mes parents. Cela a nécessité beaucoup de pratique, de dévouement et de persévérance. J'ai appris à me concentrer sur mes objectifs et à éliminer toutes les distractions. Mon désir d'obtenir une bourse de sport dans une université de Division I était une entreprise énorme à partir de là où je siégeais. Je croyais cependant que c'était possible. Je ne savais pas alors qu'il était dit dans Romains 8:28, «*Nous savons, du reste, que toutes choses concourent au bien de ceux qui aiment Dieu, de ceux qui sont appelés selon son dessein.*» J'ai vu cela comme une opportunité de poursuivre mes études et ma carrière de basketball, ainsi que de pouvoir voyager.

Bien que j'aie eu tout ce «succès» à l'adolescence, il y avait un aspect de mon expérience au lycée qui ne progressait pas: les fréquentations. C'est là que j'avais besoin que mon Père céleste intervienne et m'aide à comprendre. Pourquoi les gars de mon âge s'intéressaient-ils à ma petite sœur et à ses amis? D'où je me tenais, je ne pouvais pas comprendre ce qui n'allait pas avec moi. Je suppose que de leur point de vue, j'ai eu du succès académique et sportif, ce qui était probablement au-delà de leur capacité. Je ne savais pas comment gérer le fait que je n'étais pas acceptée par mes homologues masculins comme plus qu'un ami.

Quelles expériences avez-vous vécues en tant qu'enfant, qui ont eu un impact positif ou négatif sur votre estime de soi? Pouvez-vous voir comment, savoir «qui vous êtes en Christ» et «à qui vous êtes» peut établir une opinion positive de vous-même?

JULIE HOUSE

Sachez que vous êtes un ouvrage créé par Dieu lui-même. Réalisez que Dieu a pensé à nous et ensuite nous a créés à son image. Commencez à vous voir comme Dieu vous voit.

Points à considérer

1. Qu'est-ce que l'estime de soi?

2. Pourquoi est-il si important d'avoir Dieu au centre de votre vie dès le plus jeune âge?

3. Donnez quelques exemples de la façon dont le fait d'avoir Dieu au centre de votre vie dès le plus jeune âge aurait pu faire une différence en vieillissant?

3

Les Rivalites Peuvent Etre Douces-Ameres

C'est pourquoi je me plais dans les faiblesses, dans les outrages, dans les calamités, dans les persécutions, dans les détresses, pour Christ; car, quand je suis faible, c'est alors que je suis fort.
2 Corinthiens 12 :10

Nous ne reconnaissons pas toujours quand Dieu agit dans notre vie. Parfois, on a l'impression que quelqu'un gâche nos plans ou qu'une injustice nous est faite. Habituellement ce n'est que des années plus tard que nous voyons ce qu'Il faisait réellement.

Ce devait être ma dernière année de collège à l'école de la ville, mais le comté a décidé de restaurer les limites de l'ensemble du système scolaire. En conséquence, j'ai été transférée dans un autre collège du comté. Je me souviens que je n'étais pas très contente de la situation, mais à l'époque, je ne pouvais pas non plus voir l'effet positif que cette décision allait avoir sur mon avenir.

VOUS LE VALEZ BIEN!

Pensez à vos années d'école, avez-vous fréquenté une école primaire puis une école intermédiaire? Eh bien, à ce moment-là de mon éducation, j'étais dans ma sixième école. Comment cela a-t-il pu influencer ou changer votre vie? Pour moi, être à nouveau un nouvel élève n'était pas quelque chose à laquelle je m'attendais. Alors Dieu a envoyé un enseignant sur mon chemin pour faciliter la transition.

Mon professeur de gym m'a approchée pour me proposer d'être le sujet d'un article pour une classe supérieure qu'elle encadrait. J'aimais le professeur et j'ai pensé que c'était un honneur, alors avec la permission j'ai accepté. L'un des points de son article a mis en évidence la dynamique de la pression des pairs et les effets qu'elle peut avoir sur les enfants scolarisés. A mon étonnement, j'étais un excellent sujet pour son article en raison de la pression des pairs que je subissais.

La pression des pairs est l'influence que les autres exercent sur vous et qui vous encourage à changer votre comportement, vos décisions, vos valeurs, vos actions ou vos attitudes par les leurs. Elle dit cela à cause de la pression de la part de mes pairs pour mes attributs physiques. J'étais détestée pour mes talents.

Un autre exemple de pression des pairs ou d'amertume a fait surface l'année suivante lorsque j'ai joué pour l'équipe de volleyball du lycée. Je n'ai fait que l'équipe junior principale de volleyball en raison du manque de compétences et de connaissances que j'avais de la discipline. J'ai découvert plus tard que ma sœur aînée était menacée pour ma présence dans l'une ou l'autre des équipes de volleyball. J'ignorais totalement cela. Avez-vous déjà vécu l'un de ces types de pressions ou de rivalités lorsque vous étiez au lycée?

La saison de basketball a suivi, tout comme les essais pour les équipes du lycée. Le volleyball était un nouveau sport pour moi, mais le basketball ne l'était pas, car il était devenu ma nouvelle passion

JULIE HOUSE

et point de concentration au cours de l'année écoulée. J'étais ravie d'avoir eu l'opportunité de continuer à jouer au basketball. Mais ma présence, une fois de plus, constituait une menace pour les autres joueurs ayant eu des essais pour l'équipe principale.

Les résultats des essais ont vraiment bouleversé le plan de quelques filles de la deuxième année qui avaient prévu jouer dans l'équipe principale. Je ne savais pas que j'avais une arme secrète qui plaisait aux entraîneurs. Mon arme était un attribut physique qui ne pouvait être ni développé ni enseigné. C'était ma taille. Je faisais environ un mètre quatre-vingt-cinq dans ma première année. De façon inattendue pour beaucoup, j'ai intégré l'équipe principale de basketball en tant que recrue. Donc, mes problèmes avec la pression des pairs ont continué. Je suis sûr que vous aussi avez vécu des expériences similaires. Elles sont mises dans nos vies pour nous servir d'apprentissage et d'épreuves pour construire notre caractère, nous rendre plus forts et voir si nous avons, en fait, appris de notre expérience.

Mais que se passe-t-il lorsque les pressions externes de vos pairs s'ajoutent à celles internes de vos frères et sœurs? Avez-vous subi des pressions en tant qu'enfant? Est-ce que certaines de vos actions, choix ou décisions ont eu un effet sur vos frères et sœurs?

En grandissant, ma sœur aînée savait depuis sa naissance qu'elle allait être infirmière. Il n'y a jamais eu de doute, et Dieu lui a donné la passion qui correspond à son désir. Donc, académiquement, avec son objectif d'être infirmière, j'ai ressenti une pression supplémentaire sur moi pour exceller aussi. Sa concentration et sa détermination ont établi une norme élevée à suivre pour moi. Cependant, mon seul désir et ma seule passion étaient de continuer à jouer au basket.

Ma sœur aînée m'a une fois avouée comment j'avais créé pour elle des moments de pressions pendant notre enfance; chose que je n'avais jamais réalisée ou que je n'aurais jamais imaginée. Elle a exprimé à quel point elle était jalouse de moi lorsque je grandissais: de ma bourse d'études universitaire, mon départ de notre ville natale et mes voyages à travers le monde. Deuxièmement, elle a mentionné qu'elle pensait qu'il était injuste que je sois toujours en train de m'amuser à jouer au basketball, et qu'elle devait travailler dans un restaurant pour payer ses frais de scolarité.

Chacune de nos vies a été créée de façon unique par Dieu. Elle ne pouvait pas comparer ses heures de travail au restaurant à toutes mes heures de basketball. Les innombrables heures que j'ai passées à travailler: sur mes jeux personnels, mes compétences et mes mouvements au cerceau dans notre allée; faire deux km de vélo les dimanches soirs pour un jeu de ramassage hebdomadaire; ou se faire tabasser sur la cour du YMCA par des gars plus âgés et forts pour qui je représentais une menace. C'était amusant, mais il y avait aussi des exigences et des sacrifices à la fois physique, social, émotionnel et mental. Je suis devenue un bon joueur solide en raison de ces longues heures d'entrainement, mêlées de concentration, de travail acharné, de dévouement, de persévérance et d'engagement.

Tout au long de ma carrière sportive au lycée, j'ai excellé. J'ai eu la chance d'avoir d'excellents entraîneurs qui connaissaient leurs disciplines respectives et étaient dévoués au succès de l'équipe. Mais, plus important encore, ils ont été impliqués pour faire une différence dans la vie des jeunes filles qu'ils entraînaient. Dieu avait changé mes circonstances et moi pour redresser mon chemin.

Souvenez-vous toujours de rester concentré sur le Seigneur. Il sait ce que vous traversez avant que votre situation ou votre épreuve ne fasse surface. Soyez encouragés par le Psaume 121:2, «*Le secours me vient de l'Éternel, Qui a fait les cieux et la terre.*» Mettez votre foi et votre confiance en Dieu parce qu'il est l'Auteur et le

JULIE HOUSE

Consommateur de votre foi. «*En tout temps, peuples, confiez-vous en lui, Répandez vos cœurs en sa présence! Dieu est notre refuge*» (Psaume 62:8). Rendez Dieu plus grand que la pression des pairs ou vos problèmes et votre adversaire plus petit! Notre Dieu est un très grand Dieu!

Points à considérer

1. Qu'est-ce que la pression des pairs?

2. Que dit la Bible sur la gestion de la pression des pairs ou des épreuves auxquelles nous serons confrontés? Voir Romains 12:2; Romains 14-16; et 1 Pierre 2:11.

3. Que dit Dieu au sujet de la confiance en Lui dans les Écritures? Recherchez Romains 8:28-3; 1 Corinthiens 10:13; Proverbes 3:5; et Philippiens 4:13.

Mes Errances

Elle était bruyante et rétive; Ses pieds ne restaient point dans sa maison.
Proverbes 7:11

4

La Vraie Rebellion

Quels châtiments nouveaux vous infliger,
Quand vous multipliez vos révoltes? La tête
entière est malade, Et tout le cœur est souffrant.
Esaïe 1:5

La rébellion peut prendre de nombreuses formes et peut varier en degrés. La rébellion est un acte de résistance à l'autorité ou au contrôle ainsi que le défi ou la désobéissance. Quand vous êtes jeune, vous pensez tout savoir, et vos parents ne savent rien. Pourtant, la vérité est qu'ils étaient là où vous êtes vingt à trente ans avant vous. L'expérience et les connaissances dont ils disposent sont précieuses et inestimables. Si nous pourrions seulement écouter nos parents et comprendre qu'ils essaient de nous aider à éviter de commettre certaines des erreurs et des mauvais virages qu'ils ont pris, et pas de nous retenir ou nous empêcher de nous amuser ou de vivre «notre» vie. Mais les enfants doivent faire les choses à leur manière. Vous verrez clairement dans ma vie comment j'ai dû, moi aussi, le faire «à ma manière.»

Mes offres de bourses d'études universitaires ont augmenté et totalisé une centaine. Mon entraîneur de lycée et son mari ont été d'une aide formidable. Ils ont filtré mes appels des scouts et des entraîneurs, distribué les statistiques nécessaires, répondu aux offres de bourses d'études et organisé mes visites à l'école. Cela allait être ma première décision majeure dans la vie.

Le processus de sélection a commencé par la restriction de mes choix en utilisant le fleuve Mississippi comme limite. À partir de là, j'ai réduit les choix à un rayon de trois à quatre heures pour que mes parents et amis proches puissent continuer à venir me voir jouer. Mes visites scolaires incluaient l'Université du Maryland, l'Université de la Caroline du Nord, l'Université de Pittsburgh, l'Université Penn State et l'Université Rutgers. Tous les excellents choix à considérer, qui ont été restreints aux trois premiers choix.

Mon père a choisi l'Université de Pittsburgh. Son choix était un peu biaisé parce qu'il était diplômé de Pittsburgh Pharmacy et les deux côtés de notre famille vivaient à Pittsburgh, en Pennsylvanie. Mais pour moi, l'ouest de la Pennsylvanie semblait sombre, lugubre et effrayant.

Ma mère a préféré la Penn State University en raison de la petite ville universitaire, de la grande histoire des entraîneurs, des universitaires et d'un environnement similaire à ma ville natale de Hagerstown. Mais pour moi, cela revenait à remonter dans le temps et dans l'isolement, comme dans les dessins animés lorsque vous remontiez une montagne pour vous rendre à la forteresse et au château isolés. Évidemment, mon choix n'était ni l'un ni l'autre, mais l'Université Rutgers, l'Université d'État du New Jersey.

Je voulais sortir de l'environnement de petite ville dans lequel je vivais, le remplacer par ce que je pensais être de l'aventure, des opportunités, des voyages et de l'excitation. Le campus principal de Rutgers est situé dans le centre de l'État, accessible en train vers New York City, Philadelphie et la côte de Jersey. Qui avait besoin

JULIE HOUSE

de plus d'excitation que tous ces endroits pourraient offrir à une jeune femme? De plus, la visite du weekend sur le campus était incroyable! L'équipe libérait cinq à six seniors et la nouvelle classe de première année était d'une grande importance pour la saison 1982-1983. Je n'ai pas eu besoin de chercher plus loin. Ma décision a été prise ce weekend. Ceci, en regardant en arrière, a été mon premier acte majeur de rébellion parce que je suis allée à l'encontre de la sagesse de mes deux parents.

À Rutgers, j'ai excellé, j'étais épanouie et j'ai essayé d'être aussi normal que je pourrais l'être en tant que boursière. J'ai été placée dans une belle famille du club athlétique *booster* puisque j'étais loin de chez moi. Ils m'ont accueillie comme leur fille. J'ai été bénie. Le Seigneur savait ce dont j'avais besoin pour traverser cette période de ma vie. Même si je voulais l'aventure et l'excitation, j'étais toujours une fille de petite ville au fond de moi.

Dieu répondait toujours à mes besoins fondamentaux d'amour, d'environnement familial et de protection. Il dit dans Matthieu 6:31-32, «*Ne vous inquiétez donc point, et ne dites pas: Que mangerons-nous? Que boirons-nous? De quoi serons-nous vêtus? Car toutes ces choses, ce sont les païens qui les recherchent. Votre Père céleste sait que vous en avez besoin.*»

J'ai obtenu mon diplôme de quatrième année. Mon prochain choix de vie a été de décider si je voulais aller en Europe pour continuer à jouer au basket, poursuivre mes études ou trouver un emploi. Mon désir était de continuer à jouer au basket, mais rester aux États-Unis n'était pas une option car la WMBA n'était pas viable en 1986. La ligue n'avait pas suffisamment de soutien ou d'intérêt public pour se soutenir. Pendant l'été, j'ai embauché un agent de New York qui m'a trouvé quelques options pour continuer à jouer en Europe pour la saison 1986-1987.

VOUS LE VALEZ BIEN!

Alors que je considérais les options de mon équipe, les troubles dans le monde augmentaient. Ma mère et mon père m'ont tous deux déconseillé d'y aller en raison des problèmes de sécurité liés aux détournements d'avions dans le monde. Tout ce que je pouvais voir, c'était comment ils essayaient de bloquer ma chance de continuer à jouer au basket. J'étais déterminée à jouer cette saison.

J'ai accepté l'offre de jouer avec une équipe en Autriche. L'Austrian Ball Club m'a envoyé un billet d'avion ouvert, j'ai donc eu la possibilité de partir à tout moment. Malgré les troubles mondiaux et les inquiétudes de mes parents pour ma sécurité, d'autres voix se sont également adressées à moi. Ces voix supplémentaires provenaient de l'arène de basketball. Elles m'encourageaient à partir le plus tôt possible avant de manquer mon opportunité et mon entraînement de pré-saison. Ainsi, les voix de mes parents étaient étouffées.

Je savais que mes parents n'approuveraient pas mon départ, mais j'étais déterminée à y aller. J'étais adulte, n'est-ce pas? Pourquoi ai-je besoin de leur approbation? Je ne considérais même pas mes parents ou mes sœurs dans la décision ni comment cela les affecterait. Plus rien ne comptait pour moi!

Alors je me suis engagée dans ma rébellion. J'ai réservé mon vol en secret et j'ai appelé un service de limousine. J'ai pris des dispositions pour être prise en charge et pour commencer ma prochaine aventure à l'étranger. J'ai quitté la maison ce matin-là sans un mot à personne, ne laissant qu'une note sur le comptoir de la cuisine pour ma mère, lui faisant connaître ma décision et mes projets.

Après avoir quitté les États-Unis, le premier arrêt du vol pour le ravitaillement était Hambourg en Allemagne, avant mon arrivée en Autriche. La réalité était devant moi lorsque j'ai atterri en Allemagne avec une forte présence militaire le long de la piste. Tous

JULIE HOUSE

les passagers ont reçu l'ordre de débarquer de l'avion avec leurs bagages à main pour être fouillés pendant que l'avion était fouillé simultanément. De toute évidence, des mesures de précaution étaient prises pour la sécurité de tous, mais j'avais toujours peur.

Heureusement, tout s'était bien passé—pas de pirates de l'air, pas de bombes et pas d'incidents internationaux. Psaume 138:7 déclare que: «*Quand je marche au milieu de la détresse, tu me rends la vie, Tu étends ta main sur la colère de mes ennemis, Et ta droite me sauve.*» Nous avons tous réembarqué et continué sur l'Autriche. J'ai été accueillie par quelques membres de mon équipe et j'ai ensuite appelé ma mère redoutée pour lui faire savoir que je suis arrivée saine et sauve.

Vous voyez, les choix et les décisions que vous prenez peuvent affecter les gens autour de vous plus que vous ne pourriez l'imaginer. Je ne peux pas imaginer ce que ma mère a dû ressentir quand elle a lu ma note, et je ne me suis jamais arrêtée pour y penser. Combien de douleurs et d'inquiétude j'ai dû lui causer, elle, mon père et mes sœurs que j'ai laissés derrière moi? C'était vraiment un acte égoïste et je n'ai jamais pensé aux effets secondaires que ma décision aurait sur ma famille.

Au cours de mon aventure de deux ans à l'étranger, j'ai erré dans différentes situations et pays. Dieu était avec moi pendant ce temps, même si cela reposait sur une décision pas très bonne. Il se souciait toujours de moi et me protégeait. Psaume 121:7-8 me réconforte de savoir que «*L'Éternel te gardera de tout mal, Il gardera ton âme; L'Éternel gardera ton départ et ton arrivée, Dès maintenant et à jamais.*»

Vous ne pourrez peut-être pas encore le voir, mais il y a un but divin pour votre vie, ainsi que la mienne. Dieu ne vous a pas abandonné ni votre but dans la vie. Ma vie est un exemple de la fidélité de Dieu. 2 Timothée 2:13 nous rappelle que même «*si nous sommes infidèles, il demeure fidèle, car il ne peut se renier lui-même.*» Et dans

VOUS LE VALEZ BIEN!

1 Thessaloniciens 5:24, il est dit, *«Celui qui vous a appelés est fidèle, et c'est lui qui le fera.»*

Alors Dieu a continué à déposer dans la «tirelire de ma vie»: des expériences, de la sagesse et des pépites d'or, d'argent et de pierres précieuses à puiser dans le présent et dans mon avenir. Tout en nous protégeant, rappelez-vous que *«Dieu est notre refuge et notre force, une aide très présente dans les difficultés»* (Psaume 46:1).

Points à considérer

1. Qui a été affecté par la rébellion dans votre vie?

2. Comment vos choix rebelles ont-ils affecté votre vie et ceux que vous avez énoncés à la question 1?

3. Faites une rétrospection sur votre vie; De quoi Dieu vous a-t-il protégé?

5

Sa Protection Parfaite

Et ils allaient d'une nation à l'autre Et d'un royaume vers un autre peuple; Mais il ne permit à personne de les opprimer, Et il châtia des rois à cause d'eux: Ne touchez pas à mes oints, Et ne faites pas de mal à mes prophètes!
Psaumes 105:13-15

Le basketball européen n'est pas structuré comme aux États-Unis. La structure du club a pris la place de notre lycée, de notre université et de nos organisations professionnelles. Cela dépendait également du pays où vous jouiez, du talent du club, du nombre d'Américains dans l'équipe, de la force de la ligue et du soutien des sponsors. Les joueurs de mes équipes étaient âgés de quatorze à trente-cinq ans.

Pendant que je voyageais à l'étranger, le Seigneur a continué à me protéger. Dans le Psaume 121:7-8, il est dit, *«L'Éternel te gardera de tout mal, Il gardera ton âme; L'Éternel gardera ton départ et ton arrivée, Dès maintenant et à jamais.»* Avez-vous déjà pensé à la façon dont vous vous en sortiez dans des situations difficiles, comme si vous aviez des anges gardiens autour de vous? Je sais que je l'ai fait.

VOUS LE VALEZ BIEN!

Mon séjour en Autriche a été le début de ma prochaine saison d'expériences d'apprentissage. L'Autriche était un beau pays. Mon club était basé dans une petite ville de Gmunden. Si j'y étais seulement pour «l'expérience,» cela aurait été parfait: des gens simples et adorables, des paysages à couper le souffle et une histoire qui suintait à chaque coin de rue. L'efficacité de l'appartement rénové pour moi était remarquable. Imaginez rester sur le domaine d'été de la noblesse autrichienne. Les sponsors du club s'étaient pliés en quatre pour préserver mon intérêt et s'assurer que je fus heureuse, mais ils avaient du mal à me payer comme convenu dans mon contrat.

En jouant pour le club autrichien, nous avons été invités à un tournoi en Tchécoslovaquie. Pendant ce temps, le Parti communiste avait encore le pouvoir en Tchécoslovaquie. Je n'étais pas informée des nouvelles du monde et du risque que je courais en traversant la frontière et en soumettant mon passeport. À la frontière, notre fourgonnette a été fouillée et nos passeports ont tous été récupérés. Ensuite, nous avons été autorisés à entrer dans le pays et à continuer notre voyage vers la ville de Prague pour jouer nos tournois.

À la fin de la journée, nous avons commencé notre voyage de retour en Autriche. En traversant cette fois la frontière pour quitter le pays nous avons suivi la même procédure, sauf en sens inverse. Les gardes-frontières ont demandé que nous sortions de la camionnette alors qu'ils examinaient à nouveau son contenu. Ils ont retourné tous les passeports—tous sauf le mien. Mon cœur se serra et la peur me paralysa. Mon esprit a commencé à s'emballer. *Dans quoi me suis-je embarquée maintenant?* Heureusement, les gardes ont dit qu'ils ne faisaient qu'une blague avec moi.

Avez-vous déjà été dans une situation similaire où vous avez mis votre confiance dans des personnes qui avaient un pouvoir

JULIE HOUSE

mondain sur vous et qui pourraient changer votre vie à jamais? Réfléchissez un instant, qu'est-ce qui aurait pu m'arriver sans la main de protection de Dieu sur ma vie? J'aurais pu être perdue à jamais dans un pays étranger ou dans une très malheureuse situation. Mais la Parole de Dieu dit dans Psaume 46:1, «*Dieu est notre refuge et notre force, une aide très présente en cas de détresse.*» Le plan de Dieu pour ma vie était tellement plus grand que ces gardes-frontières. Dieu a enlevé le «barrage routier» et m'a gardée en sécurité alors que je me rapprochais de l'accomplissement de son plan pour ma vie.

Après environ six semaines, je n'étais plus satisfaite de la petite ville et de la belle campagne. J'en voulais plus. Satan nourrissait mon âme de mauvaises informations. Je n'avais pas appris le secret du contentement en toutes choses, comme il est dit dans Philippiens 4:12, alors j'ai contacté mon agent. Il a dit qu'il y avait une opportunité avec un club en Espagne. Ils avaient besoin d'un deuxième joueur américain. Je suis donc partie pour Madrid pour rencontrer le club espagnol. Le club était basé sur l'île de Gran Canaria, dans la capitale Las Palmas, des îles Canaries au large de la côte ouest de l'Afrique dans l'océan Atlantique.

Nous étions vers mi-novembre et la saison était en cours. Le niveau de compétition dans cette ligue était plus élevé que celui de l'Autriche. Entrer après le début de la saison a également été une situation difficile. En plus d'avoir affaire aux joueurs espagnols, je connaissais l'autre joueur américain de l'équipe et elle a rendu ma vie misérable. C'était comme si j'étais la fille placée qui n'avait pas le droit de jouer dans «son équipe.»

Dieu m'a gracieusement protégée de toutes les fléchettes et pièges enflammés de l'ennemi que je rencontrais. Un soir, je me suis aventurée dans la ville pour aller danser seule. Lors de ma sortie, j'ai rencontré quelques jeunes hommes d'Afrique. Il était encore tôt, alors nous sommes partis pour une promenade vers le

VOUS LE VALEZ BIEN!

port et les quais. Je n'avais jamais visité le côté port de la ville. Je restais normalement dans les zones touristiques.

Alors que nous continuions à marcher, ils m'ont montrée de loin le bateau sur lequel ils naviguaient, puis nous nous sommes séparés. Puis je suis retournée à mon appartement pour la nuit. Je n'ai jamais vraiment pensé à ce qui aurait pu arriver. Pouvez-vous penser à une quelconque raison pour laquelle la visite du port aurait pu mal tourner? Les manchettes des journaux lisant «Une joueuse américaine de basketball a disparu du port de Gran Canaria, pour ne plus jamais être revue.» Il est dit dans le Psaume 138:7, «*Quand je marche au milieu de la détresse, tu me rends la vie, Tu étends ta main sur la colère de mes ennemis, Et ta droite me sauve.*» Je repense à tant de choix insensés que j'ai faits au cours de ces années et je suis tellement reconnaissante que Dieu m'ait protégée. Je me rappelle également qu'Il continuera à me protéger maintenant que je cherche à sortir de Son plan pour ma vie.

L'entrée dans le club espagnol a été un cauchemar. J'ai supporté toute la situation jusqu'à ce que je sois blessée lors d'un match sur la péninsule de Lugo, en Espagne, près de la frontière française. Ma blessure, le mauvais traitement de la part des entraîneurs, le traitement de l'autre joueur américain, la politique des clubs, ma détermination à faire la vie «à ma façon» et un jeune homme américain qui est entré dans ma vie, tous ont été des facteurs déterminants qui ont contribué à ma décision de mettre fin à ma carrière de basketball quelques mois plus tard.

Bien que ma carrière de basketball soit terminée, j'ai continué à vivre à l'étranger à Las Palmas. Un weekend, mon ami et moi avons décidé de faire un voyage au Maroc. Comme vous le savez, lorsque vous voyagez, vous êtes toujours soumis à des contrôles de sécurité et à des fouilles. Une fois que nous avons atterri au Maroc, j'ai été sélectionnée comme le passager chanceux à être fouillé. C'était

JULIE HOUSE

effrayant pour moi de voler au Maroc et d'être emmenée seule dans une salle de sécurité.

Je n'ai pas compris ce qui se disait parce qu'ils ne parlaient qu'en français et ne voulaient pas me fournir un interprète. À l'époque, je portais un sac à main de taille moyenne. Quelle grosse erreur lors d'un voyage à l'international! Ils ont malheureusement décidé que c'était le jour pour être minutieux. Ils ont tout parcouru: des tubes de rouge à lèvres, de mon pack cosmétique, de mon portefeuille et de chaque morceau de papier. À l'époque, il n'y avait pas de téléphone portable et tous vos contacts étaient stockés dans un carnet d'adresses. Ils ont parcouru chaque page de mon carnet d'adresses tout en continuant à me parler en français. J'avais peur et je me sentais violée. Je ne pouvais pas comprendre pourquoi cela m'arrivait.

Après quelques heures, le processus de vérification s'est finalement terminé. J'étais libre d'aller commencer mon weekend. Je n'ai appris que plus tard que mon ami de voyage voyageait avec de la drogue. Ainsi, même si j'ai vécu une expérience inconfortable avec la sécurité, Dieu me protégeait du danger encore plus grand de la prison ou peut-être même de l'emprisonnement par association. Mon Père céleste était allé avant moi et avait dégagé mon chemin. Le Seigneur m'a gardée comme la prunelle de ses yeux et il m'a cachée sous l'ombre de ses ailes, comme il est dit dans Psaume 17:8.

Avant de revenir aux États-Unis en 1988, un autre événement majeur s'est produit et le Seigneur m'a épargnée à nouveau du danger. Mon ami et moi vivions maintenant ensemble. Je ne jouais plus au basket et je n'avais plus de chance de trouver un emploi pour apporter un revenu à la maison. Il n'avait aucun succès à gagner de l'argent de façon légale et son niveau de stress augmentait chaque jour.

VOUS LE VALEZ BIEN!

À l'époque, on envisageait des options commerciales que j'ignorais pour diminuer son niveau de stress. Un jour, nous nous sommes arrêtés pour rendre visite à un homme que je ne connaissais pas. Il semblait être un éleveur et dresseur de chiens, mais ce n'était qu'une partie de la vérité. Il allait être le fournisseur de mon petit ami pour l'une de ses opportunités d'affaire. Les chiens que j'ai vus étaient élevés et entraînés pour des combats illégaux.

Quelques semaines plus tard, nous avions prévu de retourner chez lui pour récupérer quelque chose. À l'approche de l'entrée du complexe d'appartements, un grand nombre de voitures de police y attendait devant nous. Quand nous avons vu cela nous avons continué à rouler tout droit. Plus tard, nous avons découvert qu'il s'agissait d'une descente de police en raison du dressage illégal de chiens et du commerce de la drogue.

Une fois de plus, Dieu m'a protégée et m'a gardée à l'abri du mal. Il avait ses anges campés autour de moi. Peu de temps après, je suis rentrée chez moi aux États-Unis. Avez-vous déjà été dans une situation comme moi, où une série de mauvais choix ou de mauvaises associations vous a presque détruit? Dieu vous a-t-il constamment protégé des autres? Comme la parabole de la Bible trouvée dans Luc 15:11-32 nous le dit, le fils prodige—la fille dans le cas d'espèce—rentrait chez elle.

J'ai décidé de faire une recherche sur le mot «prodige» et j'ai trouvé que cela signifiait «dépenser de l'argent de manière imprudente, inutile et généreuse.» Je ne pense pas que cette partie de la parabole s'applique à l'argent ou à un héritage monétaire, mais je pense que j'ai beaucoup gaspillé mon temps et mon talent.

Au cours de ces deux années d'errance à l'étranger et de mes propres activités, j'ai réalisé que ma famille et mes amis me manquaient, ainsi que ma vie de petite ville sûre et stable. Luc 15:17

JULIE HOUSE

commence par dire, «*Quand il est enfin revenu à ses sens,*» ou je pourrais remplacer «quand je suis enfin revenue à mes sens!» J'étais enfin fatiguée du style de vie instable dans lequel j'étais impliquée et je voulais continuer ma vie. Même dans mon désordre, Dieu avait toujours de l'amour pour moi, comme Il le fait pour vous. Sa grâce est bien plus grande que notre état de pécheur.

J'ai donc trouvé un moyen d'appeler mon père terrestre, et il a accepté de m'envoyer un billet aller simple pour rentrer chez moi. Au verset 18, nous lisons que la décision du fils prodige a été prise quand il était arrivé au bout de lui-même. Il a dit, *«Je partirai, je retournerai vers mon père et je lui dirai:* Père, j'ai péché *contre le ciel et contre toi.»*

Dans cette parabole, le père du fils prodige était parallèlement Dieu. Le fils prodigue représente les perdus, les pécheurs et (à ce moment-là) moi. Comme la parabole continue: «*Mais alors qu'il était encore loin, son père le vit et fut rempli de compassion pour lui; il a couru vers son fils, a jeté ses bras autour de lui et l'a embrassé.*» C'est ce que notre Père céleste attend avec impatience de faire. Il attend et veille à ce que ses fils et ses filles se repentent et reviennent à lui.

Il attend de restaurer les croyants, ses fils et ses filles, de nouveau en communion avec Lui. Notre restauration avec notre Père céleste est en bonne position ou en bonne relation avec Lui! Dans Luc 15:24, «*Car mon fils était mort et est revenu à la vie; il était perdu et est retrouvé. Alors ils ont commencé à célébrer.*» Les anges se réjouissent au ciel lorsqu'un pécheur rentre à la maison. Il y a eu une fête pour moi au paradis lorsque j'ai abandonné ma vie. Pouvez-vous croire ça? J'étais si importante pour Dieu. J'étais toute aussi importante que le fils prodige l'était pour son père terrestre. Toi aussi!

VOUS LE VALEZ BIEN!

Points à considérer

1. Avez-vous passé du temps dans votre vie à errer? Donnez quelques exemples?

2. Y a-t-il eu un moment dans votre vie où vous êtes enfin revenu à la raison et êtes rentré à la maison comme un prodige? Quand cela est-il arrivé?

3. Pendant votre errance, expliquez comment Dieu vous a protégé des fléchettes et des pièges enflammés.

6

Mon Holorge Sonore

Confie-toi en l'Eternel de tout ton cœur, Et ne t'appuie pas sur ta sagesse; Reconnais-le dans toutes tes voies, Et il aplanira tes sentiers.
Proverbes 3:5-6

Croyez-le ou non, j'étais en fait soulagée d'être de retour à la maison. C'était bon de se sentir en sécurité et d'être là où j'étais aimée. Mais que puis-je faire maintenant? Avez-vous déjà ressenti cela? Vous vous demandez quel chemin vous devriez emprunter? J'avais une direction dans ma vie, mais je n'en étais absolument pas consciente. Dieu me guidait sur son chemin pour ma vie afin d'accomplir les plans qu'Il avait pour moi. Proverbes 16:9 déclare que, «*Le cœur de l'homme médite sa voie, Mais c'est l'Éternel qui dirige ses pas.*» Alors Dieu dirigeait et orientait mes pas.

Mon plan a commencé par l'obtention d'un emploi à temps partiel pendant que je décidais de poursuivre un emploi à temps plein ou, comme deuxième option, poursuivre mes études. J'ai envisagé un diplôme d'études supérieures ou peut-être un changement de carrière dans le domaine des soins infirmiers. L'université communautaire locale avait un excellent programme de

VOUS LE VALEZ BIEN!

soins infirmiers de deux ans. Ma sœur aînée était alors instructrice de deuxième année dans le programme. Dans une conversation, j'ai mentionné que j'envisageais postuler au programme. Ce n'était qu'une option pour moi—mais pour elle, c'était le rêve de sa vie et ce qu'elle voulait faire toute sa vie.

Je me souviens quand ma petite sœur et moi étions ses patientes. J'ai une photo de Noël de moi allongée dans le berceau de la poupée avec mes jambes suspendues par-dessus le bord et elle portait sa blouse et son chapeau d'infirmière, répondant à mes besoins. C'était sa carrière, pas la mienne. Elle a simplement déclaré que je ne réussirais jamais l'étape de la deuxième année. Je savais que son commentaire était un avertissement de rivalité entre sœurs pour protéger «sa zone d'intervention.» Tout comme une lionne protégeant sa fierté, j'ai entendu cette lionne haut et fort. J'ai donc volontairement concédé et rayé cette option de ma liste de choix de carrière et j'ai continué sur ma voie.

Je suis restée occupée pendant les six mois suivants. J'ai travaillé à temps partiel chez **United Parcel Service**, faisant le déchargement et le lavage des camions, le tri des petits colis, puis je suis passée à un trieur de colis. J'ai pris quelques cours à l'université communautaire locale en utilisant un vélo comme moyen de transport. J'étais dans la meilleure forme de ma vie parce que je n'avais pas de permis de conduire. J'avais vingt-quatre ans et j'ai finalement obtenu mon permis de conduire du Maryland.

Six mois après mon retour aux États-Unis, le Seigneur m'a bénie avec un emploi d'une durée de dix mois en tant qu'assistante du directeur du Centre de bien-être et de réadaptation cardiaque de l'université communautaire locale. En l'espace d'un an, le contrat fut à plein temps avec des avantages. Il est étonnant de voir à quel point Dieu est si fidèle. Dieu a-t-il déjà comblé un besoin pour vous de la même manière?

JULIE HOUSE

Malgré la récente bénédiction de mon travail à plein temps, je me sentais instable et agitée et je ne pouvais pas expliquer pourquoi. Je me suis donc occupée avec plus de travail. J'ai accepté un poste d'entraîneur de basketball universitaire junior à mon lycée Alma Mater. C'était amusant et gratifiant. L'entraîneur universitaire, les joueurs et les parents étaient adorables, mais ce ne fut pas ce que je cherchais. Alors avant le début de la saison suivante, j'ai démissionné. On m'a également offert le poste d'entraîneur adjoint de basketball à l'université communautaire locale, mais je n'étais pas intéressée.

J'ai décidé de poursuivre mes études dans un programme de master à temps partiel tout en travaillant à temps plein. Il m'a fallu plus de temps que prévu pour terminer mon master en éducation, mais en 1992, j'y étais parvenue. Au cours de ces quatre dernières années, j'avais été extrêmement occupée, mais même ces réalisations n'ont pas satisfait ni comblé le vide que je ressentais. Il manquait encore quelque chose, mais je ne savais pas quoi. J'ai donc continué à suivre les mouvements quotidiens au cours des années suivantes.

J'ai pris quelques décisions moins bonnes au cours de ces années. Il dit dans Éphésiens 4:14, «*afin que nous ne soyons plus des enfants, flottants et emportés à tout vent de doctrine, par la tromperie des hommes, par leur ruse dans les moyens de séduction.*» J'étais comme une poupée de chiffon lancée ici et là, écoutant cette personne et la suivante pendant que je cherchais quelque chose pour combler le vide—mon cœur vide.

Mon patron et quelques autres personnes à l'époque m'évangélisaient. Je ne voulais vraiment pas entendre ce qu'ils avaient à dire. Je pensais que j'avais la «vie» sous contrôle. Je pensais que je pouvais faire la vie à ma manière, dans mon propre péché—alors que je ne le pouvais vraiment pas.

VOUS LE VALEZ BIEN!

C'était en juin 1992, et j'avais vraiment fait de ma vie un désordre. Dans ma propre sagesse, je suis tombée enceinte hors mariage. J'avais atteint le point le plus bas de ma vie et j'avais besoin de sa grâce salvatrice pour m'aider.

Je me suis repentie, j'ai accepté Dieu dans mon cœur. Il a tendu la main et m'a rencontrée là où j'étais. Il a mis ses bras aimants autour de moi et j'ai commencé à recevoir son amour. Dans mon désordre, il a commencé à me montrer que j'étais importante pour lui. Mon enracinement dans Sa Parole a commencé à me fortifier, mais il y avait toujours la question de ma grossesse.

À la fin de l'été, je terminais mon premier trimestre. Lors d'une consultation, j'ai appris la nouvelle la plus dévastatrice. Je m'attendais à voir un très petit fœtus bouger sur l'écran, mais ce ne fut pas le cas. Je n'avais qu'un sac gestationnel de onze semaines. Il n'y avait ni fœtus ni embryon là où mon bébé était censé être pendant qu'il grandissait en moi. C'était une grossesse extra utérine.

Mon monde s'était effondré à cette nouvelle. Je n'avais jamais vécu la mort d'un membre de ma famille ou d'un parent proche jusqu'à cette époque de ma vie, et je devais commencer par la perte d'un bébé. Je n'aurais jamais imaginé que cela ferait autant mal – tout comme une partie de moi aussi était morte.

Je me suis retrouvée à ramasser les morceaux de ma vie. Heureusement, j'étais entourée de ma famille aimante et solidaire. Ma nouvelle famille d'église a joué un rôle important dans ma guérison, et le Seigneur a également continué à me fortifier, à m'aimer et à me donner une direction si nécessaire pour ma vie. Psaume 25:4 dit, «*Éternel! Fais-moi connaître tes voies, Enseigne-moi tes sentiers.*» Dieu m'enseignait, mais ce n'était toujours pas suffisant. Qu'est-ce que c'était? Il manquait encore quelque chose: un désir ou un désir d'appartenance. Pendant tout ce temps, mon horloge biologique tournait toujours—et très fort maintenant. Tout le

JULIE HOUSE

monde autour de moi qui avait mon âge ou moins était marié, marié une deuxième fois, fondant une famille ou dans une relation à long terme. Pourquoi n'ai-je pas pu trouver ce que je pensais que les autres avaient trouvé, cette personne spéciale avec qui passer le reste de ma vie, mon âme sœur! J'étais fatiguée d'être seule et solitaire. Allais-je être célibataire pour toujours?

J'ai enduré ma vie de célibataire et j'ai continué à grandir dans le Seigneur. Pendant ce temps, j'ai continué à croiser un gars de mon église à l'étude biblique, dans la chorale et lors de sorties de groupe. Nous nous sommes retrouvés attirés par les mêmes opportunités de ministère. Nous avons réalisé que nous avions beaucoup en commun: la passion pour le Seigneur, le désir d'aider les autres, d'atteindre les âmes perdus et le sport. De plus, nous aimons tous les deux les enfants. Il avait un fils d'un précédent mariage, et lui et moi semblions nous entendre. Nous avions commencé à sortir ensemble après un certain temps. Le Seigneur me donnait le désir de mon cœur, un mari et une famille. J'étais si heureuse.

Nous nous sommes mariés en septembre 1994, six mois après avoir commencé à sortir ensemble. Comme le dit Jacques 1:17, *«toute grâce excellente et tout don parfait descendent d'en haut, du Père des lumières, chez lequel il n'y a ni changement ni ombre de variation.»* Un nouveau chapitre a commencé à trente ans. J'étais une nouvelle épouse et une belle-mère avec une famille toute faite.

Psaume 127:3 dit, «*Voici, des fils sont un héritage de l'Éternel, Le fruit des entrailles est une récompense.*» En plus mon beau-fils, le Seigneur nous a bénis avec un deuxième fils, Isaac. Son nom a été révélé à son père dans un rêve la nuit d'avant notre sortie de l'hôpital. La combinaison de son nom signifie rire, humble et «qui est comme Dieu ou don de Dieu.» Il était vraiment un don de Dieu! J'étais tellement honorée, bénie et reconnaissante que Dieu m'ait confiée son enfant—à nous.

VOUS LE VALEZ BIEN!

Dans le Psaume 37:4, il est dit, «*Fais de l'Éternel tes délices, Et il te donnera ce que ton cœur désire.*» Nous servons un bon Dieu. D'où j'étais assise, Dieu m'avait pourvue: un travail à plein temps dans ma ville natale, un mari qui craignait le Seigneur avec une famille toute faite, et notre propre fils. Qu'y avait-il de plus?

Points à considérer

1. Quelle est l'importance d'apprendre à entendre la voix de Dieu au quotidien?

2. Pourquoi est-il important d'attendre Dieu et de le chercher avant de prendre une ou des décisions importantes?

3. Pourquoi est-il important de faire confiance au Seigneur de tout votre cœur et de ne pas vous appuyer sur votre propre intelligence, comme il est dit dans Proverbes 3:5?

Ma Transformation

Ne vous conformez pas au siècle présent, mais soyez transformés par le renouvellement de l'intelligence, afin que vous discerniez quelle est la volonté de Dieu, ce qui est bon, agréable et parfait.
Romains 12:2

7

Ma Prise De Conscience

Guéris-moi, Éternel, et je serai guéri; Sauve-moi, et je serai sauvé, Car tu es ma gloire.
Jérémie 17:14

Il semblait qu'une éternité s'était écoulée depuis la fin du dernier chapitre. Au cours de ces années, la vie ne s'est pas déroulée comme je l'avais pensé.

Nous avions une vie de famille occupée par le travail, les d'activités scolaires, sportives et ministérielles—ministère et plus de ministère. Mon mari et moi étions impliqués dans le ministère interne de l'église locale, celui des quatre murs, y compris la coordination de quelques ministères de la crèche, la conduite de fourgons pour aider à nourrir les enfants pendant les nuits des cultes d'inter semaine. Le ministère à l'extérieur des quatre murs de l'église était également inclus. Grâce à mon mari, Dieu a donné naissance à un ministère puissant connu sous le nom de «Jesus Street.»

«Jesus Street» était un ministère d'évangélisation visant à atteindre les enfants. Le ministère était basé sur un programme d'une heure d'école du dimanche sur le trottoir comprenant la louange et l'adoration, un jeu ou deux, un court message, une prière et la bénédiction de chaque enfant avec un sac de friandises contenant une variété d'articles tels que des bonbons, des biscuits, des fournitures scolaires et des jouets. Le ministère a prospéré au cours de ses huit années. Il est passé d'un ministère sur un site à cinq sites. La faveur de Dieu était sur le ministère depuis le début. Il nous a permis d'obtenir la permission auprès de notre autorité gouvernementale locale en charge de l'habitat, d'utiliser les bâtiments communautaires de chaque complexe où nous exerçons notre ministère.

Dieu avait vraiment béni le ministère d'évangélisation et nos mains pour faire son œuvre. C'était une bénédiction de pouvoir atteindre et toucher les enfants et leurs familles avec l'amour de Jésus, d'autant plus que les mères célibataires et les grands-mères étaient à la tête de la plupart des familles représentées.

Même si Dieu bénissait notre œuvre ministériel et que nous avions un impact sur des vies et atteignions les âmes perdues pour Christ, nous étions trop occupés pour nous rendre compte que nous nous éloignions de plus en plus l'un de l'autre. Et moi aussi j'étais perdue.

Je sais que les relations ainsi que le mariage ont tous deux de bons et de mauvais moments, des périodes difficiles, des épreuves et des tests. Dans ces cas, les deux parties doivent travailler ensemble pour résoudre leurs problèmes relationnels pour pouvoir avancer. Cela n'a pas été le cas et j'ai quitté mon mariage depuis plus d'une décennie.

Ma petite sœur et sa famille ont gracieusement permis à mon fils et moi de rester avec eux pour le reste de l'été. C'était formidable pour mon fils et ses deux cousins de passer du temps ensemble. Mon fils et son fils aîné avaient tous les deux neuf ans à l'époque, et son plus jeune fils avait sept ans.

JULIE HOUSE

Pendant ce temps, une amie de ma sœur m'a offert un job de quelques heures par jour. Ce job m'a donné une raison, en dehors de mon fils, de sortir du lit tous les matins et de commencer à avancer dans la vie. Il était temps que ma guérison commence. J'étais blessée, brisée et opprimée. Psaume 147:3 dit, «*Il guérit ceux qui ont le cœur brisé, Et il panse leurs blessures.*»

Je devais trouver la force d'affronter chaque jour qui passe. Psaume 73:26 est un encouragement pendant les périodes de chagrin intense et de reconstruction. «*Ma chair et mon cœur peuvent se consumer: Dieu sera toujours le rocher de mon cœur et mon partage.*» J'éprouvais une perte que seul Dieu pouvait guérir. Il était le seul, avec le temps, à pouvoir donner un sens à tout cela.

À la fin de l'été, on m'a proposée un emploi à temps plein. Dieu répondait à tous mes besoins selon sa richesse dans la gloire en Christ Jésus, comme il est dit dans Philippiens 4:19. Le weekend de la fête du Travail, mon fils et moi avions emménagé chez nous. Matthieu 6:31-33 renforce le fait que Dieu est en contrôle, «Ne vous inquiétez donc point, et ne *dites pas: Que mangerons-nous? Que boirons-nous? De quoi serons-nous vêtus? Car toutes ces choses, ce sont les païens qui les recherchent. Votre Père céleste sait que vous en avez besoin. Cherchez premièrement le royaume et la justice de Dieu; et toutes ces choses vous seront données par-dessus.*»

Ainsi, les occupations de la vie ont repris: une nouvelle carrière, un nouvel endroit où vivre, une nouvelle école pour mon fils, ses horaires sportifs et la recherche d'une église dans la région.

Mon processus de guérison a continué aussi. Il y a eu des barrières érigées au fil des ans qui ont dû tomber. Les sentiments d'amertume, de douleur, de ressentiment et de colère devaient tous être abordés. Et je devais aussi me pardonner. Maintenant, c'était difficile! Souvent, nous sommes plus durs avec nous-mêmes; nous ne nous pardonnons pas et continuons à porter notre passé avec nous dans notre avenir, là où il n'a pas sa place. Nous devons laisser notre passé dans le passé. Sinon, nous donnons au diable un bastion ou un accès légal dans nos vies.

Nous continuons également à nous punir pour les erreurs que nous avons commises, puis nous accordons trop de crédit à l'ennemi pour avoir détruit nos vies. C'est un autre obstacle qui doit être abattu dans nos vies; les choix que nous faisons pour satisfaire notre chair. Paul s'adresse aux Galates dans Galates 5:24, quand il dit, «*Ceux qui appartiennent à Christ ont crucifié la chair avec ses passions et ses désirs.*»

Pensez aux innombrables choix qui vous sont proposés quotidiennement. Avant de faire des choix ou prendre des décisions aujourd'hui, réfléchissez d'abord. Répondez-vous à vos désirs charnels ou les crucifiez-vous par ce choix? Alors que le Seigneur vous parle à travers moi, il me met également au défi. Sommes-nous vraiment conscients des petits choix que nous faisons quotidiennement qui peuvent faire boule de neige dans nos vies jusqu'à ce qu'ils deviennent incontrôlables?

Voici un exemple actuel qui pourrait être simple, mais qui montre les effets composés dans nos plus petits choix, apparemment insignifiants, que nous faisons quotidiennement. Un jour au travail, je me sentais un peu frustrée par quelque chose dont je ne me souviens même plus maintenant. J'ai marché pour faxer un document et après l'avoir fait, un panier avec des bonbons au chocolat a attiré mon attention. Un client l'avait laissé au bureau pour nous. J'avais vidé le sac de bonbons soigneusement emballés dans le panier en toute confiance que je n'en mangerais pas et je ne l'ai pas fait. Puis une semaine plus tard, j'ai cédé à ma chair et en ai mangé un.

JULIE HOUSE

Vous pensez peut-être: «*Vraiment, ce seul morceau de chocolat n'allait pas te tuer!*» C'est vrai, mais si je le faisais tous les jours pendant un an, qui peut dire que je m'arrêterais à un par jour? Mon penchant pour le sucre et le sentiment de «m'aider à me sentir mieux» pourraient devenir incontrôlables.

J'étais ce que j'appelle un «mangeur heureux, triste et fou.» Manger était la façon dont je gérais mes émotions et mes humeurs. Au lieu d'essayer de comprendre la cause de mon sentiment, j'aurais peut-être mangé un demi-gallon de crème glacée, un sac de ces bonbons au chocolat ou une boîte d'amandes enrobées de chocolat. Avez-vous déjà fait l'expérience? A combien de kilogramme cela équivaudrait-il sur une période de dix ans, si je continuais à céder à ces désirs charnels? Combien de stress supplémentaire cela mettrait-il sur mes articulations, sans parler d'envoyer mon estime de soi dans une spirale descendante. Ce que j'essaie de vous montrer, c'est le principe de semer dans votre chair et de donner plus de pouvoir à l'ennemi dans votre vie.

Lorsque vous accordez continuellement plus de crédit à satan dans votre vie pour des décisions ou des choix auxquels il n'était pas impliqué, c'est ainsi que satan s'impose de plein pieds dans votre vie. Dans Psaume 27:1, David dit, «*Le Seigneur est ma lumière et mon salut, de qui aurais-je peur? Le Seigneur est le bastion de ma vie—de qui aurai-je crainte?*» David continue dans ce psaume en disant que lorsque ses ennemis sont venus contre lui, ils ont trébuché et sont tombés. Son cœur ne devait pas avoir peur et en cela il était confiant. Nous aussi, devons réaliser que nous avons tout pouvoir et toute autorité en Jésus-Christ. Comme il est dit dans Philippiens 4:13, «*Je pus tout par Christ qui me fortifie.*»

Souvenez-vous que Dieu est un grand Dieu! Lui et Lui seul est l'Auteur et le Consommateur de notre foi. Il est

VOUS LE VALEZ BIEN!

notre Pourvoyeur, notre Guérisseur, notre Protecteur, notre Libérateur, notre Bouclier, notre Refuge, notre Paix, notre Force, notre Vengeur, notre Père céleste et notre Papa, et bien plus encore. Alors pourquoi satan, qui est un ange déchu, reçoit-il autant de crédit et de pouvoir?

Vous rendez-vous compte que satan a été expulsé du ciel avec un tiers des anges? satan voulait être Dieu. La Bible nous dit dans 2 Corinthiens 4:4 que satan est devenu le «*dieu de ce monde.*» Dans Apocalypse 20:10, il nous dit qu'il sera éternellement puni pour cela. Cela dit, satan a perdu. La seule satisfaction qu'il a maintenant est d'emmener autant qu'il le peut avec lui.

Dieu nous a ouvert la voie à travers Son fils, Jésus, pour éviter cela. Jésus est le chemin, ou le connecteur de retour à notre Père céleste. Nous sommes, et pouvons TOUS être appelés, fils et filles du Très-Haut à cause de ce que Jésus a fait sur la croix. satan pensait qu'il avait surpassé Dieu en tuant Jésus; mais il se leurre parce qu'au lieu que Dieu n'ait qu'un seul fils, Jésus, Il en a tellement d'autres aujourd'hui. La Bible dit dans 2 Corinthiens 6:18, «*Je serai un Père pour vous, et vous serez mes fils et mes filles, dit le Seigneur Tout-puissant.*» Il vous suffit d'accepter Jésus et de croire.

Points à considérer

1. Comment Dieu a-t-il guéri les blessures du passé dans votre vie?
2. Quels mauvais choix avez-vous fait dans votre vie pour satisfaire vos désirs charnels?
3. Voulez-vous donner votre cœur à Dieu et devenir un fils ou une fille à Lui, une nouvelle créature, un cohéritier avec Christ Jésus?

Si c'est le cas, faites cette prière et croyez:

JULIE HOUSE

Cher Père céleste,

Je sais que je suis un pécheur. Je sais que j'ai besoin de ton pardon. Je sais que Jésus est mort sur la croix pour moi. Je me détourne de mes péchés. Je te demande maintenant le pardon de mes péchés. Je t'invite dans mon cœur et ma vie. Je te fais totalement confiance en tant que mon Seigneur et Sauveur et je te remercie de m'avoir sauvé. Amen.

8

Embrassez-Vous

Ainsi parle maintenant l'Éternel, qui t'a créé, ô Jacob! Celui qui t'a formé, ô Israël! Ne crains rien, car je te rachète, Je t'appelle par ton nom: tu es à moi!

Esaïe 43:1

Alors que mon parcours pour la guérison se poursuivait, j'ai continué en tant que mère célibataire. Élever mon fils était la priorité.

Stabiliser son environnement était le plus important. Il avait besoin d'avoir une structure et un équilibre tout en sachant qu'il était en sécurité et aimé. Il avait besoin de savoir que la séparation et le divorce définitif n'étaient pas de sa faute, d'autant plus qu'il n'avait que dix ans.

Une partie du processus de stabilisation m'a inclue sachant que j'y jouais un rôle important. J'avais perdu mon identité, mon but et ma direction. C'était comme tout recommencer. Que s'est-il passé au cours des douze dernières années? Qu'est-ce qui n'a pas fonctionné et où est-ce que cela a mal tourné? Il y avait tellement de questions sans réponse. Comment se fait-il que j'ai plus de

VOUS LE VALEZ BIEN!

questions maintenant que de réponses? Vous êtes-vous déjà retrouvé dans une telle situation?

Dieu m'emmenait à travers un processus pour que je découvre «qui j'étais» et «à qui j'étais.» Ce processus devait commencer dans mon cœur, mais il devait être capable d'y arriver en premier. Je sais que cela n'a pas beaucoup de sens maintenant, mais ça l'aura. Ezéchiel 36:26 dit, «*Je vous donnerai un cœur nouveau et je mettrai un esprit nouveau en vous; J'enlèverai de vous votre cœur de pierre et je vous donnerai un cœur de chair.*» Dieu avait commencé une œuvre en moi, et je me voyais transformée de jour en jour.

Ces jours-ci, Dieu me parle de la manière la plus étonnante. Il me parle via mon cœur. J'ai maintenant appris à écouter avec mon cœur et je l'entends. Il a créé chacun de nous de manière unique. Il sait ce qui nous motive, comment nous apprenons et ce qu'il doit faire pour nous en toutes circonstances.

C'est ainsi que Dieu me parle et ordonne mes pas. Il me guide sur mes propres «sentiers de la vie.» Il me laisse tomber des «miettes,» ou indices, qui me conduisent aux pépites, aux expériences ou aux informations dont j'aurai besoin pour mon avenir. Quand je trouve ou expérimente ce qu'Il voulait, je reviens, déposant cette pépite dans la «tirelire de ma vie.» Ensuite, je continue sur le chemin de la vie. Cela semble trop simple, n'est-ce pas! Eh bien, cet ouvrage a fait couler beaucoup d'encre grâce à Sa direction.

Voici un exemple de ce que j'essaie de vous expliquer. Dieu m'a incité à rechercher et à découvrir les bases de la métamorphose d'un insecte. Plus précisément, comment une chenille se transforme en papillon. Elle commence comme un très petit œuf d'insecte d'apparence ordinaire, mais émerge comme un papillon unique et complexe.

JULIE HOUSE

La première étape est celle d'un œuf. Lorsque les œufs éclosent, ce sont des larves ou une chenille avec une seule chose à faire: MANGER! En mangeant, elles grandissent, renouvelant leur peau sous leur couche actuelle, puis elles perdent la plus petite couche externe. Ainsi, le cycle continue: manger, grandir et remplacer ou perdre sa peau. Ce cycle continue cinq fois, et la dernière fois, une coque extérieure forme une chrysalide, ou une enveloppe, pour sa protection. Ce qui est étonnant, c'est que pendant ce processus, le corps de la chenille se décompose en un liquide, et c'est le catalyseur de l'ADN du papillon—qui a été présent dans la chenille tout le temps—pour commencer à se former dans le nouveau corps transformé. Une expérience vraiment incroyable!

Les étapes de notre vie suivent un modèle similaire, tant sur le plan physique que spirituel. Quand nous sommes des bébés en Christ, nous sommes comme des éponges absorbant la Parole. Nous nous remplissons des nouvelles connaissances et révélations de Dieu au fur et à mesure que notre ancienne pensée, notre état d'esprit et nos comportements disparaissent. Au fur et à mesure que chaque couche disparaît, un nouveau niveau de notre fondation devient ferme. Alors que nous continuons à grandir et à mûrir en Christ, Dieu nous équipe pour notre transformation.

Le parcours, le but et le destin de chacun ne sont pas les mêmes. Vous avez été créé pour un but précis pas comme les autres. Dieu vous a créé unique avec des dons spéciaux pour votre dessein. Dieu sait à quel point vous êtes brillant, beau, compatissant et aimant parce qu'il a mis ces qualités en vous. Vous êtes son chef-d'œuvre. Vous êtes si important pour lui!

Saviez-vous qu'Il vous aime d'un amour éternel—inconditionnellement? Et Il est toujours avec vous, donc vous ne pouvez JAMAIS être SEUL! Ésaïe 41:10-11 nous rappelle: «*Voici, le Seigneur, l'Éternel vient avec puissance, Et de son bras il commande; Voici, le salaire est avec lui, Et les rétributions le précèdent. Comme un berger, il paîtra son troupeau, Il prendra les agneaux dans ses bras, Et les portera dans son sein; Il conduira les brebis qui allaitent.»* Tous ceux qui se déchaînent contre vous seront certainement honteux et déshonorés. Et dans Philippiens 1:6, «*Je suis persuadé que celui qui a commencé en vous cette bonne œuvre la rendra parfaite pour le jour de Jésus Christ.*» Alors volez librement en toute confiance comme le papillon que Dieu vous a créé.

Points à considérer

1. Comment Dieu vous transforme-t-il? Dans quelle étape de papillon êtes-vous maintenant?

2. Comment Dieu vous équipe-t-il pour votre parcours?

3. Comment Dieu vous parle-t-il?

9

La Graine Dormante A L'interieur De Vous

> *Il est comme un arbre planté près d'un courant d'eau, Qui donne son fruit en sa saison, Et dont le feuillage ne se flétrit point: Tout ce qu'il fait lui réussit.*
> **Psaume 1:3**

Au cours de ces neuf dernières années, j'ai eu l'impression que Dieu m'avait mise sur le tapis roulant de la vie. J'ai toujours été en mouvement, pourtant je n'allais nulle part. Avez-vous déjà souhaité pouvoir vivre dans une bulle pour rester à l'abri de tout ce qui se passe dans le monde? Je n'ai évidemment pas de maladie et je dois vivre dans un environnement stérile, mais mon monde était celui d'une maison de verre ou d'une bulle. Je pouvais voir et j'avais l'impression de faire partie de mon environnement, mais je n'avançais pas physiquement. Avez-vous déjà ressenti la même chose? Bien que frustrant, c'est la manière de Dieu de nous protéger, de nous garder cachés à la vue de tous pendant un temps défini.

VOUS LE VALEZ BIEN!

Vous pourriez me regarder comme une mère girafe, dont les taches la protègent de ses prédateurs. Elle reste en plein air pour manger, surveiller ses enfants et s'occuper des tâches quotidiennes. Ne pas être une menace à la vue de tous. Son objectif principal dans ce cycle de sa vie est d'assurer la sécurité des enfants à tout prix. Comme je le vois, j'étais également à la vue de tous, ne considérant pas une seule menace du diable, alors il m'a laissée seule pour élever mon fils. Mais dans le Psaume 91:4, il est dit, «*Il (Dieu) vous couvrira de ses plumes, et sous ses ailes vous trouverez refuge ou abri: sa fidélité sera votre bouclier et votre protection.*»

Si je comprends mieux maintenant, j'étais dans une phase de rassemblement de ma vie tout en étant protégé. De plus, Dieu ramassait les morceaux brisés de mon passé pour les utiliser comme ressources pour mon avenir. Dieu n'est pas un gaspilleur. Il peut même utiliser mes erreurs passées, mes blessures et mes douleurs comme carburant pour mon avenir.

En septembre 2013, j'ai été invitée à un service religieux dans le nord de la Virginie pour entendre un évêque du Ghana, Afrique de l'Ouest. Pendant le service, une parole prophétique a été prononcée sur moi à partir d'Ésaïe 55:5, «*Voici, tu appelleras des nations que tu ne connais pas, Et les nations qui ne te connaissent pas accourront vers toi, A cause de l'Éternel, ton Dieu, Du Saint d'Israël, qui te glorifie.*» Dieu me donnait un message d'espoir spécifique et voulait que je sache qu'Il avait de grands projets pour ma vie— plus grands que je ne pourrais jamais l'imaginer! Dieu utilise les prophètes et leurs messages prophétiques pour nous parler et nous propulser en avant.

De toute évidence, Dieu a contrôlé l'univers depuis le début des temps, tout comme il l'a été avec ma vie. Il savait ce que j'allais faire bien avant que je prenne une décision ou un choix. Toutes ces années, Dieu a travaillé dans ma vie et je ne m'en suis pas rendue compte. Sur la base de mes choix de vie et de mes décisions, Il changeait activement, s'alignait, se réalignait, corrigeait le cap et retardait les événements pour cette fois.

Avez-vous déjà senti que quelque chose se passait autour de vous, mais vous ne pouviez pas l'expliquer ? C'était étrange, mais j'étais consciente des mouvements spirituels ou des changements dans l'atmosphère ou «dans les coulisses,» mais rien ne se manifestait dans le domaine physique ou naturel.

Même si j'étais frustrée, je savais qu'il y avait quelque chose de beaucoup plus grand et de plus significatif dans ma vie. Il fallait juste qu'il y en ait plus ! Dieu n'aurait pas équipé ce vaisseau en terre des connaissances, des compétences, des talents, des dons, de la passion et de la compassion pour rester dans un bureau à Hagerstown, Maryland, pour le reste de ma vie en attendant de Le rencontrer au paradis. Dieu préparait définitivement quelque chose.

En février 2014, un ami m'a invitée à un service de guérison dans son église de Hagerstown. J'ai accepté son invitation et j'ai assisté. Je cherchais quelque chose et pendant le service, j'ai expérimenté l'Esprit de Dieu si doux et frais. Une parole prophétique a été prononcée sur moi à partir d'Ésaïe 55:5 à nouveau. J'étais totalement étonnée parce que c'était la même parole prophétique qui avait été prononcée cinq mois auparavant. Dieu répétait le message pour me confirmer sa parole et pour attirer mon attention. Il m'enseignait également à écouter sa voix et à lui faire confiance.

J'ai commencé à fréquenter régulièrement cette église remplie d'esprit à Hagerstown. Les messages et les vérités spirituelles que j'entendais m'ont redonné espoir. Mon esprit n'en avait pas assez. Les paroles de ma Bible ont commencé à sauter de la page. J'entendais des messages qui concernaient le dessein et la destinée de Dieu pour ma vie, le flux de Dieu, l'ordre du royaume et la semence à l'intérieur de moi. Toute cette vie a commencé à jaillir. Qu'est-ce que tout cela signifiait?

J'ai découvert que les graines ont des cycles tout comme la chenille. Le premier cycle d'une graine consiste simplement à être une graine dans un endroit sombre, sec et dormant. Une graine sèche est une centrale électrique autonome. Elle contient tout ce dont elle a besoin pour devenir la plante d'origine. Cependant, pour y parvenir, elle doit être exposée à cinq éléments externes: l'eau, la lumière, le sol, la chaleur et le temps. Cette exposition est connue sous le nom de processus de germination.

Comme la semence dormante, Dieu a déjà mis en nous tout ce dont nous avons besoin pour accomplir notre but et notre destin spécifiques. Nous avons seulement besoin d'être plantés dans un sol fertile. Dans Matthieu 13:4-8, Jésus raconte la parabole du semeur répandant la semence, «*Un semeur sortit pour semer. Comme il semait, une partie de la semence tomba le long du chemin: les oiseaux vinrent, et la mangèrent. Une autre partie tomba dans les endroits pierreux, où elle n'avait pas beaucoup de terre: elle leva aussitôt, parce qu'elle ne trouva pas un sol profond; mais, quand le soleil parut, elle fut brûlée et sécha, faute de racines. Une autre partie tomba parmi les épines: les épines montèrent, et l'étouffèrent. Une autre partie tomba dans la bonne terre: elle donna du fruit, un grain cent, un autre soixante, un autre trente!*»

Une fois dans le sol, l'activation commence avec de l'eau, qui commence à ramollir l'enrobage, ou couche externe, de la graine. Plus il y a d'eau absorbée, plus la couche externe de la graine devient douce. Regardez notre cœur comme la semence. Au fur et à mesure qu'il est arrosé par la Parole de Dieu et le Saint-Esprit, il continue de s'adoucir. Puis une pousse émerge de la graine et jaillit d'une nouvelle vie. La pousse continue de croître et commence à mûrir comme nous le faisons en Christ. Nous commençons à nous

JULIE HOUSE

épanouir dans notre but divin. Le destin de Dieu pour nos vies a commencé à émerger.

Voici un autre exemple intéressant de phase de dormance qui se produit dans la nature. Faisons semblant d'être un volcan. En tant que volcan, vous pouvez être actif, dormant ou éteint. Je veux me concentrer sur votre état de sommeil. Être en sommeil signifie que vous n'avez pas éclaté au cours des dix mille dernières années, mais que vous êtes censé le faire à nouveau. À cette phase de votre vie, vous pouvez être classé comme un «géant endormi.» Répétez après moi, «Je suis un géant endormi!»

Il est dit dans 2 Pierre 3:8, «*Mais n'oubliez pas cette chose, chers amis: avec le Seigneur, un jour est comme mille ans, et mille ans sont comme un jour.*» Depuis combien de temps dormez-vous? Comment savoir si un «géant endormi» est réveillé de son sommeil? En termes volcaniques, les signes peuvent venir des semaines ou des mois à l'avance. Le grondement, le déplacement ou même de petits tremblements de terre peuvent être des signes que le volcan endormi se réveille avant l'éruption réelle. Commencez-vous à vous réveiller et à gronder? Qu'est-ce que Dieu remue à l'intérieur de vous?

Avez-vous un appel dans votre vie au ministère quintuplé comme nous le dit Éphésiens 4:11, «*Et il a donné les uns comme apôtres, les autres comme prophètes, les autres comme évangélistes, les autres comme pasteurs et docteurs,*» Peut-être avez-vous le don d'enseigner, qu'en est-il de l'enseignement d'une classe d'école du dimanche? Ou peut-être que si vous avez le don d'aide, pourquoi ne pas faire du bénévolat à la crèche?

1 Corinthiens 12:8-10 donne une liste des neuf dons spirituels, «*En effet, à l'un est donnée par l'Esprit une parole de sagesse; à un autre, une parole de connaissance, selon le même Esprit; à un autre, la foi, par le même Esprit; à un autre, le don des guérisons, par le même Esprit; à un autre, le don d'opérer des miracles; à un autre, la prophétie; à un autre, le discernement*

VOUS LE VALEZ BIEN!

des esprits; à un autre, la diversité des langues; à un autre, l'interprétation des langues.»

Y-a-t-il une graine dormante en vous en attente de se réveiller?

Points à considérer

1. Avez-vous été dans une bulle ou sur votre tapis roulant de la vie et ne semblez pas aller nulle part? Qu'avez-vous vécu?

2. De quelles manières votre revêtement extérieur et votre cœur peuvent-ils être adoucis?

3. Qu'est-ce que Dieu remue à l'intérieur de vous?

10

Ma Reddition

Tu comptes les pas de ma vie errante; Recueille mes larmes dans ton outre: Ne sont-elles pas inscrites dans ton livre? Mes ennemis reculent, au jour où je crie; Je sais que Dieu est pour moi. Je me glorifierai en Dieu, en sa parole; Je me glorifierai en l'Éternel, en sa parole; Je me confie en Dieu, je ne crains rien: Que peuvent me faire des hommes?
Psaume 56:8-11

Même si j'étais un «géant endormi» depuis huit ans et demi, il n'était pas temps pour moi de faire une éruption. Dieu avait des imperfections de caractère et émotionnelles qui devaient être corrigées en moi. Ces racines profondément enracinées de mon passé, Il les retirait doucement de moi et les remplissait ensuite de Son amour pour renforcer ma fondation. Il est dit dans Philippiens 1:6, «*Je suis persuadé que celui qui a commencé en vous cette bonne œuvre la rendra parfaite pour le jour de Jésus Christ.*» Dieu achèvera ce qu'Il a commencé en vous, mais vous devez être disposé et obéissant à vous soumettre à Son processus.

VOUS LE VALEZ BIEN!

Le processus de Dieu est similaire au processus d'activation de l'illustration de la semence dormante du dernier chapitre. Pendant ce processus d'activation, il y a une pression qui a lieu. La graine est placée dans un trou ou un «nouvel environnement» spécialement conçu pour sa croissance. Ensuite, la graine est recouverte de terre fermement tassée autour d'elle. De l'eau est ajoutée pour ajouter encore du poids et de la pression sur la graine. L'eau, comme nous le savons, commence à ramollir le revêtement extérieur, de sorte qu'une nouvelle vie peut commencer à émerger.

La pression commence le processus d'élimination de la dureté du revêtement extérieur. Toutes ces années, ce revêtement extérieur durci et épaissi, résultant de nos blessures, douleurs, chagrins, déceptions et échecs passés. La fierté contribue à la formation de la dureté. La fierté est un sentiment de profonde gratification ou de satisfaction dans ses propres réalisations.

Je ne suis pas sûr du vôtre, mais j'ai été élevée pour être forte et indépendante, et capable de voler de mes propres ailes. J'avais l'habitude de voir cela comme une bonne caractéristique, comme la plupart des gens le font probablement, mais ce n'est plus le cas. En fait, nous n'avons pas été créés pour être seuls. Dieu nous a créés pour être avec lui. Il nous a créés pour être en communion avec lui, dans une relation avec lui—et non seuls. Notre force vient de notre relation avec lui.

Je soupçonne que la graine négative de l'orgueil avait grandi en taille et avec des racines qui plongeaient profondément dans mon cœur depuis plus de trente ans. Y-a-t-il des problèmes d'orgueil dans votre vie? Voici quelques signes d'orgueil: arrogance, sentiment que vous méritez le respect des autres, vous élever au-dessus des autres et même ne pas demander de l'aide aux autres lorsque vous en avez besoin.

JULIE HOUSE

Je n'ai pas demandé de l'aide aux autres quand j'en avais besoin. Qu'en pensez-vous? Avez-vous déjà eu des problèmes d'orgueil? Si j'avais besoin d'aide ou de conseils pour résoudre un problème qui se posait, je ne demanderais pas d'aide pour le résoudre. Je ne voulais pas admettre que j'avais fait une erreur ou une mauvaise décision. Je cacherais l'erreur avec ma honte et ma culpabilité et je me dirais que je pourrais la réparer moi-même.

Je pensais vraiment que j'avais la capacité de tout réparer. Si je persistais assez longtemps ou si je travaillais très dur, je pourrais corriger le mal. Romains 1:22 dit, «Se vantant d'être sages, ils sont devenus fous.» Eh bien, j'étais devenue une folle. Je m'étais mise dans une situation où j'avais contractée une énorme dette sur ma carte de crédit et je n'avais pas les revenus pour payer. Il dit dans 1 Jean 2:16, «*Car tout ce qui est dans le monde, la convoitise de la chair, la convoitise des yeux, et l'orgueil de la vie, ne vient point du Père, mais vient du monde.*» Et Proverbes 21:4 dit, «*Des regards hautains et un cœur qui s'enfle, Cette lampe des méchants, ce n'est que péché.*» J'étais vraiment prise dans le système mondial. J'ai dû trouver un moyen de gagner un revenu supplémentaire pour essayer de résoudre mon problème.

Je me suis impliquée dans plusieurs entreprises de marketing de réseau au fil des ans. J'ai continué à chercher cette prochaine entreprise, certaine que j'aurais du succès. J'étais persévérante, loyale, fidèle et engagée. Mais je n'ai toujours pas été en mesure de constituer une équipe dans aucune de ces entreprises. Je me sentais comme un échec. Malgré tous mes efforts, je n'avais pas de succès financier. Je ne pouvais pas comprendre quoi que ce soit. Tout ce dont j'avais besoin, c'était de faire quelque chose pour réussir et pouvoir gagner mille à deux mille dollars de plus par mois de manière cohérente. Je n'arrêtais pas de me dire (comme on m'apprenait) de pousser plus fort, de parler à

VOUS LE VALEZ BIEN!

plus de gens, et une fois que j'aurais trouvé ces deux personnes «magiques» pour «faire exploser» mon équipe, je décollerais.

Je n'arrêtais pas de me demander: «Pourquoi pas moi?» Pourquoi d'autres personnes pourraient-elles former une équipe et s'épanouir, mais pas moi? 2 Corinthiens 10:12 dit, «*Nous n'osons pas nous égaler ou nous comparer à quelques-uns de ceux qui se recommandent eux-mêmes. Mais, en se mesurant à leur propre mesure et en se comparant à eux-mêmes, ils manquent d'intelligence.*» Je me comparais à la norme mondiale pour prouver ma bonté et ma valeur personnelle. J'ai utilisé les réalisations d'autres personnes pour fixer mes objectifs. J'allais mal en n'utilisant pas les normes du royaume de Dieu pour mesurer ma vie et mes activités. Je ne consultais pas Dieu sur ce qu'il voulait pour ma vie, ni sur ce que son plan, son but et sa mission pour ma vie pourraient être.

Eh bien, ma dette de carte de crédit augmentait alors que je continuais d'essayer de résoudre mon problème. J'avais épuisé la plupart de mes économies et encaissé dans mon épargne retraite pour amoindrir en partie la pression de la dette. Je n'avais vraiment nulle part où me tourner et je ne savais vraiment pas quoi faire ensuite. J'ai parlé à quelques personnes de la faillite, mais je ne voulais vraiment pas envisager cela comme une option. Le stress quotidien était oppressant et pesait lourd sur moi. Il devenait de plus en plus difficile de surmonter chaque jour qui passait.

En regardant en arrière, l'une de mes erreurs était que mon cœur n'était pas juste, ni mes motivations. Tout était pour moi: gagner plus d'argent, sortir de la dette et progresser dans la vie. Cet état d'esprit est normal selon la norme du monde, mais pas dans le royaume de Dieu. Il dit dans Abdias 1:3, «*L'orgueil de ton cœur t'a égaré, Toi qui habites le creux des rochers, Qui t'assieds sur*

JULIE HOUSE

les hauteurs, Et qui dis en toi-même: Qui me précipitera jusqu'à terre?» J'avais été trompée par mon propre cœur.

J'avais trop longtemps fui Dieu et moi-même. J'avais donné mon cœur au Seigneur il y a des années quand j'étais sauvée, mais lentement je l'avais repris; Je ne lui avais pas tout donné.

Quand j'ai dit, «J'ai lentement repris mon cœur,» cela signifie simplement que je revenais dans le péché. Il n'y a pas de moyen facile de le dire, car peu importe le degré du péché, le péché c'est le péché. Dieu ne voit ni n'a de degrés de péché. Galates 5:19-21 nous donne quelques exemples de péché pour nous aider à comprendre.

«Or, les œuvres de la chair sont manifestes, ce sont l'impudicité, l'impureté, la dissolution, l'idolâtrie, la magie, les inimitiés, les querelles, les jalousies, les animosités, les disputes, les divisions, les sectes, l'envie, l'ivrognerie, les excès de table, et les choses semblables. Je vous dis d'avance, comme je l'ai déjà dit, que ceux qui commettent de telles choses n'hériteront point le royaume de Dieu.»

Je savais au fond que je devais m'abandonner entièrement à Lui cette fois, mais j'avais tellement peur. Comment pourrais-je donner le contrôle à quelque chose ou à quelqu'un que je ne pouvais ni voir ni toucher? À quoi cela ressemblerait-il? Je devais être honnête avec moi-même et Dieu. Je pensais que j'avais beaucoup à donner, mais je croyais à un mensonge du gouffre de l'enfer.

Je me suis repentie et j'ai demandé à Dieu de me pardonner mes péchés. Je lui ai donné tout moi et mon cœur cette fois-ci, qui comprenait mon agenda, mes plans, mes pensées, mes attitudes, les mots que je marmonnais dans ma barbe, et ce que je faisais quand personne ne regardait ou alors que j'étais à la maison derrière des portes fermées. Dieu voit tout – avec qui est-ce que je plaisantais? Une fois que j'ai réalisé qu'il n'y avait nulle part où se cacher, je Lui ai tout soumis.

Dans Joël 2:12-13 nous lisons, «*Maintenant encore, dit l'Éternel, Revenez à moi de tout votre coeur, Avec des jeûnes, avec des pleurs et des lamentations! Déchirez vos coeurs et non vos vêtements, Et revenez à l'Éternel, votre Dieu; Car il est compatissant et miséricordieux, Lent à la colère et riche en bonté, Et il se repent des maux qu'il envoie.*» Joël nous dit de «déchirer» notre cœur, ce qui signifie le déchirer, le fendre, le rompre ou le sectionner. Ces actions sont porteuses de force et d'un certain degré de gravité et de permanence. Dieu est très sérieux et passionné pour chacun de nous. Il accorde une grande importance à notre relation avec lui. Lorsque nous ne sommes pas en communion avec lui ou en bonne relation, cela le chagrine énormément et lui cause une grande douleur. Dieu ne veut pas que nous quittions sa présence.

David a écrit dans le Psaume 51:10-12, «*O Dieu! Crée en moi un cœur pur, Renouvelle en moi un esprit bien disposé. Ne me rejette pas loin de ta face, Ne me retire pas ton esprit saint. Rends-moi la joie de ton salut, Et qu'un esprit de bonne volonté me soutienne!*» J'avais besoin de retrouver la paix et la joie dans ma vie. J'avais de nouveau fait le premier pas vers Lui. Lorsque vous vous approchez de lui, il se rapproche de vous, comme il est dit dans Jacques 4:8. Alors je n'ai plus attendu; J'ai couru droit dans les bras aimants de mon Père céleste et j'ai pleuré.

Dans le Psaume 143:8, David dit à nouveau: «*Fais-moi dès le matin entendre ta bonté! Car je me confie en toi. Fais-moi connaître le chemin où je dois marcher! Car j'élève à toi mon âme.*» Voilà donc comment mon 2015 a commencé. Apprendre l'amour de Dieu, combien il m'aime, combien mon salut est inestimable et comment faire confiance au Seigneur au jour le jour.

JULIE HOUSE

Points à considérer

1. Qu'est-ce qui a contribué à la dureté de votre cœur?
2. Qu'est-ce qui vous a gardé hors de la volonté de Dieu? Faites une liste des péchés qui sont dans votre vie.
3. Êtes-vous prêt à abandonner votre péché et à abandonner votre vie à Dieu et à son plan pour votre vie?

11

Notre Obeissance Est Tout

Samuel dit: «L'Éternel trouve-t-il du plaisir dans les holocaustes et les sacrifices, comme dans l'obéissance à la voix de l'Éternel? Voici, l'obéissance vaut mieux que les sacrifices, et l'observation de sa parole vaut mieux que la graisse des béliers.»
1 Samuel 15:22

Avez-vous déjà été au milieu de l'impasse, comme entrer dans une pièce sombre sans lumière ou vous réveiller d'un sommeil profond au milieu de la nuit? Il fait noir et vous ne savez pas où vous êtes ni quel jour il est. Eh bien, je marche sur un chemin inconnu depuis un moment maintenant. Vous voyez, abandonner le contrôle total de votre vie à Dieu de façon verbale est une chose, mais la vivre au quotidien avec tout votre cœur—avec les deux pieds dedans et totalement sacrifié pour Lui – en est une autre!

Dans Josué 1:9 il est dit, «*Ne t'ai-je pas donné cet ordre: Fortifie-toi et prends courage? Ne t'effraie point et ne t'épouvante point, car l'Éternel, ton Dieu, est avec toi dans tout ce que tu entreprendras.*» Je ne savais

VOUS LE VALEZ BIEN!

pas comment marcher dans mon nouvel engagement. Avez-vous compris ma première erreur? Il ne devait pas y avoir de *«je»* dans mon avenir. Donner le règne à Dieu m'a fait sortir du *«siège du conducteur»* et a permis à Son plan pour le reste de ma vie de commencer. J'adore utiliser la phrase: *«Lâchez prise et laissez Dieu.»* Mais vivre cela au quotidien nécessite quelques ajustements et un changement total de mentalité. Deutéronome 31:6 m'encourage, *«Fortifie-toi et prends du courage! Ne crains point et ne sois point effrayés devant eux; car l'Éternel, ton Dieu, marchera lui-même avec toi, il ne te délaissera point, il ne t'abandonnera point.»* Ce type d'abandon nécessite une obéissance totale.

Qu'est-ce que l'obéissance de toute façon? L'obéissance, c'est lorsque vous êtes en alignement avec un ordre donné ou en soumission à une autorité. Cette autre autorité est Dieu—mon Père céleste. C'est le fait de suivre les directives, l'ordre et les normes de Dieu qu'Il a établis.

Une clé importante est que j'ai choisi de me soumettre; non pas parce que je devais le faire, mais parce que je voulais plaire à Dieu. Psaume 40:8 dit, *«Je veux faire ta volonté, mon Dieu! Et ta loi est au fond de mon cœur.»* Je ne veux pas Le blesser ou Le décevoir. C'est une question de relation maintenant! Jean 14:15 dit, *«Si vous m'aimez, gardez mes commandements.»*

Permettez-moi de partager avec vous ce que j'ai découvert sur l'obéissance et comment cela affecte tous les aspects de ma vie. J'ai dû établir l'ordre du royaume dans ma vie, qui est l'ordre de mon temps, de mon talent et de mes trésors.

Commençons par le temps. Dieu a donné à chacun la même portion de temps par jour, mais c'est ce que vous choisissez de faire avec les heures de votre journée qui compte. Prenez quelques minutes pour noter comment vous passez les heures d'une journée typique. Puis imaginez et écrivez un jour où l'ordre du royaume

JULIE HOUSE

règne dans votre vie. Ils sont probablement un peu différents. Ne vous laissez pas submerger et demandez, «Comment vais-je ajouter une tâche de plus à ma liste de tâches?» Prenez quelques respirations profondes! Ne soyez pas trop dur avec vous-même car si vous voulez changer, vous le pouvez!

Ce qui est important ici, c'est votre motif ou votre cœur. Pourquoi voulez-vous opérer le changement? Pour moi, je voulais plaire à Dieu et l'honorer. Son ordre dans ma vie m'a redonnée paix, joie et espoir. Cela a changé la donne pour moi!

Alors commencez par faire des pas de bébé ou un changement à la fois. J'ai commencé par ouvrir les canaux de communication avec Dieu. Tout ce qu'il veut, c'est une relation avec vous. Commencez par avoir une brève communication avec Lui tout au long de la journée: avant de poser les pieds sur le sol, saluez-le, «Bonjour.» Sous la douche, chantez-lui un chant de louange; sur le chemin du travail, jouez un CD de louange et chantez-lui ou parlez-lui. Lisez une dévotion quotidienne en mangeant votre déjeuner ou priez avec vos enfants et votre conjoint avant d'aller vous coucher. Cela ne prend pas beaucoup de temps. Il vous aime; Il vous a créé et veut une relation avec vous. Faites cet effort! Vous ne le regretterez pas!

L'ordre du royaume rétablira l'équilibre nécessaire dans votre vie. L'ordre de Dieu pour votre vie commence par votre relation avec Lui, votre conjoint, vos enfants, votre ministère et votre travail en dehors de la maison.

Pour moi, en cette saison de ma vie, je suis totalement centrée sur Dieu. Quand quelqu'un me demande ce que je fais, je fais un job à plein temps, je travaille plusieurs fois par semaine, ensuite je m'occupe des affaires de mon Père. J'ai consacré ma vie à Lui. Vous pensez que c'est trop, n'est-ce pas! Ma norme maintenant est la norme de Dieu pour lutter pour son royaume sur terre, pas la norme du monde. Comme activités quotidiennes, je prends

VOUS LE VALEZ BIEN!

notes des messages que j'écoute; je les réécris comme un outil d'apprentissage pour moi; j'écoute les messages de culte; je lis des livres, j'étudie des sujets, des thèmes ou des idées pour plus de clarté; je communie avec Dieu et je l'écoute; j'écris des livres. La plupart du temps, Dieu et moi traînons ensemble.

Pour prendre le contrôle de mon temps, j'ai commencé à me concentrer spécifiquement sur les activités du royaume, ce qui a pris le contrôle de mes distractions. Pensez-y de cette façon: lorsqu'un cheval porte des œillères, c'est pour qu'il puisse voir le chemin droit devant lui, en étant concentré vers l'avant—pas distrait par des objets dans sa vision périphérique. Eh bien, je n'étais pas un cheval, et c'était assez effrayant au début! Souvenez-vous toujours que Dieu ne sera pas en concurrence avec vos distractions.

Certaines distractions courantes comprennent la télévision, Internet, les téléphones portables et les médias sociaux. La télévision était une grande perte de temps pour moi, alors j'ai éliminé mon abonnement TV. Chez moi, il n'y a qu'un abonnement pour les films. J'ai une connexion Internet pour la recherche et la communication par e-mail. Les téléphones portables sont une distraction parce qu'ils sont attachés à la plupart d'entre nous vingt-quatre/sept. Pour éliminer certains de ces types de distractions, la sonnerie de mon téléphone portable est silencieuse quatre-vingt-dix pour cent du temps. J'ai conseillé aux gens de ne pas me laisser de messages vocaux, mais de m'envoyer un SMS pour une réponse rapide.

Quant à mes comptes sur les réseaux sociaux, je publie plusieurs fois par jour, et rapidement. J'ai lu les articles pertinents que j'autorise à passer par mes fils d'actualité. J'ai commencé il y a quelques années à ne plus suivre les «amis» pour contrôler le contenu et limiter le nombre de messages auxquels je suis exposée quotidiennement. Je me suis retirée des activités extérieures supplémentaires, des réunions et des fonctions de groupe. Si quelque chose n'est pas nécessaire au royaume, j'y réfléchis à deux fois avant d'y mettre mon temps. J'ai dû dire non. Mon monde est calme maintenant.

Le but de «mon calme» ou «ton calme» est de faire de la place pour notre nouvelle relation avec Dieu. Nous devons communier avec lui, apprendre à le connaître et lui parler, ce qui prend du temps. Nous devons l'entendre et entendre sa voix. Il nous parle, mais nous devons nous taire. Ce simple acte de rester assis en silence et seul, pourrait prendre un certain temps pour s'y habituer. Vous voyez, être calme et encore assez longtemps pour l'entendre exige le calme de notre corps physique et de notre esprit pour éviter les agitations mentales. Se concentrer sur lui est essentiel au quotidien. Il est dit dans Michée 7:7, «*Pour moi, je regarderai vers l'Éternel, Je mettrai mon espérance dans le Dieu de mon salut; Mon Dieu m'exaucera.*» Psaume 130:5 confirme, «*J'espère en l'Éternel, mon âme espère, Et j'attends sa promesse.*»

Envisager et planifier un moment spécial pour l'écouter quotidiennement. Le Psaume 46:10 dit, «*Arrêtez, et sachez que je suis Dieu: Je domine sur les nations, je domine sur la terre.*» Il parle à chacun de nous différemment, nous devons donc l'écouter. Et nous devons attendre tranquillement et patiemment. Le Psaume 37:7 nous dit, «*Garde le silence devant l'Éternel, et espère en lui; Ne t'irrite pas contre celui qui réussit dans ses voies, Contre l'homme qui vient à bout de ses mauvais desseins.*»

Le dernier aspect de l'attente est d'attendre avec espérance. David dit dans Psaume 5:3, «*Éternel! Le matin tu entends ma voix; Le matin je me tourne vers toi, et je regarde.*» Attendre en espérant signifie «chercher» ou que votre réponse est juste au coin de la rue. Nous devons continuer à attendre Dieu et à lui faire confiance pour notre réponse. «*Attendez le Seigneur; soyez forts et prenez courage et attendez le*

VOUS LE VALEZ BIEN!

Seigneur,» est un encouragement supplémentaire de David dans le Psaume 27:14.

Ensuite, nous devons soumettre nos talents et nos dons à utiliser dans le royaume. Notre talent peut prendre de nombreuses formes. Dans Éphésiens 4:11, il est dit que le Christ lui-même a donné les apôtres, prophètes, évangélistes, pasteurs et enseignants pour équiper son peuple pour les œuvres de service, afin que le corps de Christ puisse être édifié. Les œuvres de service nécessaires dans le corps du Christ peuvent inclure des musiciens, des chantres, des ouvriers pour le ministère des enfants, des sentinelles, des hôtesses, des nettoyeurs, des gardiens, des secrétaires, des chauffeurs de fourgonnettes, des intercesseurs, etc. Nous avons tous besoin les uns des autres et des dons les uns des autres pour pouvoir avancer dans le royaume de Dieu. Reconnaissez-vous en vous-même quelques talents et dons que Dieu puisse utiliser?

Enfin, lorsque nous pensons à nos trésors personnels, nous pensons immédiatement à notre chéquier ou à notre argent. Conseils tirés de l'évangile de Luc 16:10, «*Celui qui est fidèle dans les moindres choses l'est aussi dans les grandes, et celui qui est injuste dans les moindres choses l'est aussi dans les grandes.*» Puis Matthieu 6:33 dit, «*Cherchez premièrement le royaume et la justice de Dieu; et toutes ces choses vous seront données par-dessus.*» J'ai donc analysé mes dépenses et commencé à réduire et à ajuster les dépenses. C'était bien de réaligner mon budget.

Quelque chose que je considère comme trésor, que d'autres pourraient ne pas considérer particulièrement comme précieux est notre corps terrestre—notre temple. Dieu a besoin de nous en tant que messagers sur la terre. Ainsi, chacun de nous a la responsabilité de prendre soin de son corps individuel. Nous devons manger sainement, faire de l'exercice sportif trois à quatre fois par semaine et nous reposer correctement. Sinon, comment pouvons-nous

JULIE HOUSE

faire avancer le royaume de Dieu si nous ne possédons pas un corps ou un moyen roulant assez solide pour opérer?

Nous avons exploré notre obéissance en ce qui concerne la soumission de notre temps, de nos talents et de nos trésors. Notre obéissance inclut également la confiance. J'apprends donc à confier «tout mon» à Dieu. Nous sommes instruits dans Proverbes 3:5, «*Faites confiance au Seigneur de tout votre cœur et ne vous appuyez pas sur votre propre intelligence.*» Réfléchissez une minute. Nous devrions pouvoir faire confiance à Dieu parce qu'il nous a rachetés avec le sang de son Fils, Jésus. Il a sacrifié son fils unique pour vous et moi pour retourner vers lui. Jésus est notre pont ou notre connecteur vers Dieu. Ésaïe 12:2 dit, «*Voici, Dieu est ma délivrance, Je serai plein de confiance, et je ne craindrai rien; Car l'Éternel, l'Éternel est ma force et le sujet de mes louanges; C'est lui qui m'a sauvé.*»

Grâce à mon désir d'obéir, j'ai été bénie par le don de la paix. Paul écrit dans Philippiens 4:7, «*Et la paix de Dieu, qui surpasse toute intelligence, gardera vos cœurs et vos pensées en Jésus Christ.*» Ce seul don de Dieu n'a pas de prix. J'apprends à ne pas m'inquiéter pour demain parce que je suis dans la paume de la main de Dieu. Dans Matthieu 6:26, Jésus dit, «*Regardez les oiseaux du ciel: ils ne sèment ni ne moissonnent, et ils n'amassent rien dans des greniers; et votre Père céleste les nourrit. Ne valez-vous pas beaucoup plus qu'eux?*»

Une autre raison pour laquelle nous pouvons faire confiance à Dieu, sans l'ombre d'un doute, est qu'il est toujours fidèle à sa Parole et ne peut pas mentir. Il nous a fait un serment dans Hébreux 6:18 concernant son immuabilité. L'immuabilité est un attribut de Dieu, où il est immuable dans son caractère, sa volonté et ses promesses d'alliance. Hébreux 6:18 dit, «*afin que, par deux choses immuables, dans lesquelles il est impossible que Dieu mente, nous trouvions un puissant encouragement, nous dont le seul refuge a été de saisir l'espérance qui nous était proposée.*»

VOUS LE VALEZ BIEN!

Donc Dieu n'allait pas me laisser dans «mon impasse» sans aide. Il m'avait déjà implantée dans une église de ma ville natale où Son Esprit était présent, la Parole de Dieu était riche et le but déterminé du ministère était que nous puissions le connaître. Culte après Culte, les messages étaient une confirmation à mon esprit que j'étais là où j'étais censée être pour cette saison de ma vie.

Pendant cette période de transition, j'ai toujours senti qu'il allait y avoir un tournant dans ma vie. Je n'arrêtais pas de dire que la seconde moitié de ma vie allait être différente et meilleure. J'étais convaincue que c'était le cas. Mais qu'allait-il se passer? Eh bien, vous savez, les tensions ou les situations viennent toujours vous décourager et vous sortir du flot de Dieu.

Le samedi de mon weekend d'anniversaire, satan ne voulait pas que je sorte du lit, mais Dieu m'a donnée la force de continuer et d'avancer. J'allais à une réunion d'affaires mensuelle à deux heures de route et j'avais été en larmes, pleurant la majeure partie du trajet.

Une fois arrivée, j'ai retouché mon maquillage et essayé de me ressaisir émotionnellement. Je suis entrée dans l'hôtel, je me suis inscrite à la réunion et j'ai rejoint mes partenaires commerciaux et amis qui étaient déjà arrivés. Je les ai pris à l'écart et essayé d'expliquer ce que je ressentais alors que nous étions assis dans le hall de l'hôtel. J'ai commencé à pleurer. Dieu m'avait déjà dépouillée de mon orgueil, alors les larmes coulaient juste sur mon visage. Ils m'ont aidée tout au long de cette matinée avec des prières, des passages bibliques et des encouragements.

Ce soir-là, le Seigneur m'a bénie en orchestrant une rencontre avec un homme de Dieu pour un but divin dans ma vie. Sa connexion m'a reliée à une puissante femme de Dieu à Cleveland, Ohio. Et si j'étais restée au lit ce matin-là et que j'avais raté ces deux connexions?

JULIE HOUSE

Nos pas sont tous ordonnés par Dieu. Josué 1:3 dit, *«Tout lieu que foulera la plante de votre pied, je vous le donne, comme je l'ai dit à Moïse.»* Je regarde en arrière pour relier les points de comment et quand j'ai rencontré différentes personnes et c'est vraiment incroyable. Ce n'est que le sommet de l'iceberg, comme on dit. Pensez à tous les détails qui sont entrés dans la feuille de route de nos vies. Deutéronome 11:24 dit, *«Tout lieu que foulera la plante de votre pied sera à vous, votre frontière s'étendra du désert au Liban, et du fleuve de l'Euphrate jusqu'à la mer occidentale.»* Ce sont des promesses de notre Père céleste.

Dimanche, pour m'encourager encore plus, Dieu m'a donnée deux cadeaux d'anniversaire spéciaux. Un cadeau était une parole prophétique d'une femme de Dieu puissante et humble. Et mon deuxième cadeau était une autre parole prophétique d'un prophète de Dieu qui a changé à jamais ma vie.

Dans l'intervalle de la semaine de mon anniversaire, j'ai appris le dessein de Dieu pour ma vie. Jacques 1:17 dit, *«toute grâce excellente et tout don parfait descendent d'en haut, du Père des lumières, chez lequel il n'y a ni changement ni ombre de variation.»* Dieu est si fidèle. Une fois qu'Il commencera une œuvre en vous, Il sera là à chaque étape du chemin. Ainsi, la seconde moitié du voyage de ma vie a commencé et Son but divin pour ma vie a été révélé.

Vous voyez, Dieu est le conducteur de nos vies. Il a orchestré chaque détail «dans les coulisses» depuis le début des temps. C'est tellement difficile pour moi de l'imaginer. Dieu m'a choisie. Dieu vous a choisi! Il est dit dans Jean 15:16, *«Ce n'est pas vous qui m'avez choisi; mais moi, je vous ai choisis, et je vous ai établis, afin que vous alliez, et que vous portiez du fruit, et que votre fruit demeure, afin que ce que vous demanderez au Père en mon nom, il vous le donne.»* Et dans Jacques 4:10 nous sommes encouragés *«Humiliez-vous devant le Seigneur et Il vous élèvera.»*

VOUS LE VALEZ BIEN!

Points à considérer

1. Quelles sont les distractions dans votre vie qui vous empêchent d'entendre Dieu?

2. Faites-vous confiance à Dieu pour votre vie? Êtes-vous prêt et disposé à lui confier «tout ce que vous avez»? À quoi cela va-t-il ressembler?

3. Quel est le dessein de Dieu pour votre vie? Si vous ne savez pas, cherchez-le! Taisez-vous et demandez-lui! Il attend que vous le choisissiez!

12

Envolez-Vous Comme Un Aigle

> *Mais ceux qui se confient en l'Éternel renouvellent leur force. Ils prennent le vol comme les aigles; Ils courent, et ne se lassent point, Ils marchent, et ne se fatiguent point.*
> *Esaïe 40:31*

Mon parcours jusqu'ici a été incroyable et transformateur. Depuis mon abandon total, Dieu a transformé ma vie d'environ cent quatre-vingts degrés. La façon dont je l'explique aux gens, c'est que je suis dans un programme de stages d'immersion totale avec Dieu le Père, Dieu le Fils et le Saint-Esprit comme instructeurs. Je me suis proposée de Le chercher, de L'entendre et de Le trouver chaque jour, partout.

Vous voyez, lorsque vous êtes «ENTIER EN LUI,» il n'y a rien d'autre qui puisse vous satisfaire. Je suppose que c'est comme une obsession—je ne suis plus satisfaite d'une dose ou d'une rencontre. Je veux de plus en plus de son amour et de sa paix tout au long de ma journée. Je veux aller plus haut, plus en profondeur et plus loin dans Son amour pour Le trouver et expérimenter davantage Son amour.

Ce désir découle du dernier chapitre sur l'obéissance. Dieu ne fait acception de personnes. Dans 1 Samuel 16:7, le Seigneur dit à Samuel, «*Et l'Éternel dit à Samuel: Ne prends point garde à son apparence et à la hauteur de sa taille, car je l'ai rejeté. L'Éternel ne considère pas ce que l'homme considère; l'homme regarde à ce qui frappe les yeux, mais l'Éternel regarde au cœur.*» Donc vous voyez, peu importe si nous sommes riches ou pauvres, grands ou petits, hommes ou femmes, jeunes ou vieux, diplômés d'université ou ayant une éducation de sixième année, tout se résume à votre volonté, votre choix d'abandonner votre vie afin de poursuivre son but et à son agenda. Je me suis donnée à Dieu pour qu'Il puisse m'utiliser!

Nous nous sommes concentrés là-dessus dans les deux derniers chapitres, mais il faut vraiment le souligner à nouveau. Ma reddition a été la chose la plus difficile que j'aie jamais faite dans ma vie. Cela pouvait être dur pour vous aussi. Comment renoncez-vous à tout? C'est qui nous sommes—notre fierté, notre volonté, nos désirs mondains, notre passé, nos émotions, nos erreurs, nos douleurs profondes, nos déceptions et nos peurs. Comment pouvons-nous abandonner ce qui est si familier et réconfortant? Ils sont avec nous depuis si longtemps! Mais nous devons faire le premier pas. Nous devons être prêts à tout jeter et à retourner à la planche à dessin avec Dieu.

Nous devons être brisés pour être reconstruits, restaurés et recalibrés. Nous devons avoir une expérience du «jardin d'Eden» et être rétablis comme Dieu l'avait prévu depuis le début. Considérez-le comme les paramètres par défaut du fabricant sur votre ordinateur, portatif, téléphone portable ou tablette. Nous avons également ces mêmes paramètres par défaut.

JULIE HOUSE

Lorsque nous nous abandonnons à Dieu, Il appuie sur notre bouton de réinitialisation et nous retournons à nos paramètres par défaut. Il commence à réinitialiser ou à changer notre état d'esprit et notre façon de penser. La mémoire de l'ordinateur n'est pas techniquement supprimée, mais l'ordinateur est autorisé à écraser les informations. La même chose est vraie avec nous; les choses dans notre propre mémoire persistent jusqu'à ce que nous les écrasions par les pensées, les paroles, les mentalités et les habitudes de Dieu. Notre processus de restauration suit également ce même chemin.

Notre mémoire doit être remplie ou ravitaillée par les choses de Dieu. Nous sommes maintenant des vases vides qu'Il peut utiliser. Dans 2 Timothée 2:21, il est dit, «*Si donc quelqu'un se conserve pur, en s'abstenant de ces choses, il sera un vase d'honneur, sanctifié, utile à son maître, propre à toute bonne œuvre.*»

«*Nous portons ce trésor dans des vases de terre, afin que cette grande puissance soit attribuée à Dieu, et non pas à nous,*» comme il est dit dans 2 Corinthiens 4:7. Nous devons nous rappeler que nous sommes l'œuvre de Dieu, créés en Jésus-Christ pour faire ses bonnes œuvres. Paul nous dit dans Philippiens 1:6, «*Je suis persuadé que celui qui a commencé en vous cette bonne œuvre la rendra parfaite pour le jour de Jésus Christ.*»

Pensez donc à ce bon travail qui a commencé en vous. Imaginez le parcours de votre vie comme un trottoir. Lorsque votre vie a commencé, votre trottoir était lisse, propre et lumineux. Des gaules ont été plantées comme aménagement paysager tout le long de votre trottoir. Au début de votre vie, les jeunes plants avaient la taille parfaite et avaient l'air bien. Les jeunes plants représentent votre vie, vos circonstances, vos choix et vos habitudes. Au fur et à mesure que votre vie progressait, vos jeunes arbres et leurs racines progressaient également. Au fur et à mesure que vous grandissiez et mûrissiez, vos «racines de vie» ont fait de même. Vos racines ont commencé à rendre votre trottoir inégal, cahoteux et désordonné. Vous êtes devenu un danger ou une charge pour ceux qui marchent sur votre trottoir.

Donc, pour réparer votre trottoir et le rendre neuf, tel qu'il a été créé à l'origine, Dieu doit creuser vos «racines de vie» et combler les trous qu'ils ont fait avec de la bonne terre. Le sol doit ensuite être tassé et pressé afin de créer une base ferme et solide pour votre trottoir fixe.

C'est le processus que Dieu a opéré dans ma vie. Mes racines représentaient des années de souffrance, de douleur, de rejet, de déceptions et de faible estime de soi. Ils sont déracinés. Dieu a doucement arraché ces racines et a comblé les trous vides laissés derrière avec son amour, sa paix, sa joie et son espoir. Petit à petit et jour après jour, Il m'a inondée de son amour et de sa tendre miséricorde. Il est descendu et a écrit sur mon cœur, me donnant Ses instructions. Les fondements de ma marche sont en train d'être renforcées et le chemin de ma vie est en train de se redresser. De cette façon, je peux Lui être utile. Vous pouvez l'être aussi.

Le Seigneur a marqué ma vie et j'ai accepté son appel. Ma vie n'est plus la mienne. Alors que je regarde le calendrier des événements de ma vie au cours des dernières années, personne d'autre que Dieu n'aurait pu organiser ces détails. Je suis célibataire et je suis récemment entrée dans le stade précoce d'avoir un «nid vide.» J'ai le temps de me consacrer à son appel. J'ai cherché mon but divin pendant des années, à part élever mon fils et à présent je suis plus éclairée.

Ma passion s'est de nouveau enflammée. Cela a réveillé la détermination, la persévérance, la discipline, le dynamisme et la concentration que je pensais avoir perdu.

JULIE HOUSE

Laissez-moi vous encourager. Vous n'êtes jamais trop vieux pour être activé pour une tâche dans l'armée de Dieu. Souvenez-vous de l'histoire de Nombres 13 lorsque Dieu a dit à Moïse de nommer douze espions, un de chaque tribu, pour explorer et rechercher la Terre Promise. Caleb, l'un des espions, avait environ quarante-cinq ans quand lui et Josué sont revenus avec un bon rapport. Malheureusement, ils étaient minoritaires et les enfants d'Israël ont erré pendant quarante ans en raison de leur incrédulité.

Dieu a dit dans Nombres 14:24, *«Et parce que mon serviteur Caleb a été animé d'un autre esprit, et qu'il a pleinement suivi ma voie, je le ferai entrer dans le pays où il est allé, et ses descendants le posséderont.»* Lorsque Caleb est entré dans la Terre Promise, il avait environ quatre-vingt-cinq ans—et était toujours aussi prêt que quand il avait quarante-cinq ans.

Dieu peut utiliser les jeunes et les vieux. Il est dit dans Jérémie 30:17, *«Mais je te guérirai, je panserai tes plaies, Dit l'Éternel. Car ils t'appellent la repouss*ée, Cette Sion dont nul ne se *soucie.»* Dieu peut utiliser le moindre parmi nous et nous restaurer, nous redonnant les années qui ont été perdues. Dans Joël 2:25 il est dit, *«Je vous remplacerai les années qu'ont dévorées la sauterelle, Le jélek, le hasil et le gazam, Ma grande armée que j'avais envoyée contre vous.»*

Permettez-moi d'illustrer ce concept à travers un processus des plus étonnants dans la vie d'un aigle:

Au fur et à mesure qu'un aigle vieillit, ses plumes s'usent ou s'affaiblissent et sont incapables de manœuvrer aussi rapidement ou de produire un vol rapide comme elles le faisaient dans leur jeunesse. Il sait qu'il est temps d'aller dans un endroit lointain, afin de se cacher au milieu des rochers pour se protéger. Dans cet «endroit secret,» l'aigle arrache toutes ses vieilles plumes et attend que les nouvelles repoussent. Cette période de repousse et de renouvellement redonne à l'aigle la stature dynamique et

VOUS LE VALEZ BIEN!

majestueuse de sa jeunesse. Dans Psaume 103:5, David dit, «*C'est lui qui rassasie de biens ta vieillesse, Qui te fait rajeunir comme l'aigle.*»

Ce processus de la nature dans la vie de l'aigle s'apparente à l'abandon et à la soumission à Dieu dans nos vies. Paul dit dans Éphésiens 4:22-24, «*eu égard à votre vie passée, du vieil homme qui se corrompt par les convoitises trompeuses à être renouvelés dans l'esprit de votre intelligence, et à revêtir l'homme nouveau, créé selon Dieu dans une justice et une sainteté que produit la vérité.*»

Maintenant que nous avons de nouvelles plumes comme l'aigle puissant, et l'esprit de Jésus-Christ, nous sommes prêts à voler comme un aigle. Je veux reconnaître trois caractéristiques de l'aigle qui sont déjà à l'intérieur de nous. Premièrement, nous avons la royauté qui vit en nous. Il nous dit dans 1 Pierre 2:9-10, «*Vous, au contraire, vous êtes une race élue, un sacerdoce royal, une nation sainte, un peuple acquis, afin que vous annonciez les vertus de celui qui vous a appelés des ténèbres à son admirable lumière, vous qui autrefois n'étiez pas un peuple, et qui maintenant êtes le peuple de Dieu, vous qui n'aviez pas obtenu miséricorde, et qui maintenant avez obtenu miséricorde.*» Nous sommes une race élue. Rappelez-vous le vieil adage, «des oiseaux d'un même plumage s'assemblent.» Les aigles ne se rassemblent qu'avec d'autres aigles, planant à haute altitude là où les autres oiseaux ne peuvent pas.

La deuxième caractéristique d'un aigle est qu'il est tenace et adore voler dans une tempête. Les aigles savent que la tempête est une source d'énergie dont ils peuvent bénéficier lorsqu'ils doivent s'élever au-dessus des circonstances. Ils se dirigent vers la tempête parce qu'ils y voient un défi et savent que l'énergie de la tempête les portera à de nouveaux sommets. En tant que chrétiens, nous savons que nous devons rester fermes sur la Parole de Dieu pendant les périodes d'épreuves et de tribulations. Une fois notre épreuve terminée, nous serons plus forts et aurons acquis de la sagesse et des connaissances pour déjouer les futures tempêtes. Jacques 1:2-3

JULIE HOUSE

dit, «*Mes frères, regardez comme un sujet de joie complète les diverses épreuves auxquelles vous pouvez être exposés, sachant que l'épreuve de votre foi produit la patience.*» Et au verset 12, «*Heureux l'homme qui supporte patiemment la tentation; car, après avoir été éprouvé, il recevra la couronne de vie, que le Seigneur a promise à ceux qui l'aiment.*»

Enfin, la vision d'un aigle est l'une des caractéristiques les plus puissantes. Il existe deux façons de visualiser cette caractéristique. Une façon est qu'un aigle a une vision vive. Il peut être focalisé au laser sur sa proie, même à des kilomètres de distance. Il ne changera pas d'orientation tant que la proie ne sera pas capturée. Les dirigeants peuvent être des visionnaires, voyant l'avenir tel que Dieu le révèle.

Par exemple, vous souvenez-vous des rêves de Joseph pour sa vie? Dans le premier (Genèse 37:6), sa gerbe se leva et celles de ses frères se prosternèrent devant la sienne. Puis au verset 9, il décrit le second rêve, «Et voici, le soleil, la lune et onze étoiles se prosternaient devant moi.» Les parents et les frères de Joseph pensaient qu'il était fou après avoir écouté le premier rêve. Puis, quand il a parlé du deuxième rêve, la peur et la jalousie les ont accablés. Tout comme la famille de Joseph, les corbeaux, les moineaux et les pigeons ne comprendront pas la nature royale de l'aigle, sa vision, sa cible et son besoin de déployer ses ailes et de s'envoler vers de nouveaux sommets.

Le pouvoir dans le royaume n'est pas basé sur la capacité, mais sur la disponibilité. Nous sommes tous appelés et équipés, mais nous ne sommes pas tous disposés à nous élever à la hauteur de notre vocation. Vous n'êtes pas un hasard ou une erreur, et votre vie non plus. Vous avez un dessein divin pour votre vie avec un but et un destin spécifique que vous seul pouvez accomplir. Il y a des gens sur terre que vous seul pouvez atteindre. Vous êtes leur GILET DE SAUVETAGE.

VOUS LE VALEZ BIEN!

Dans la bible, Esther est un exemple de gilet de sauvetage pour le peuple juif. Son histoire est très émouvante. En effet, un livre est consacré à elle pour son immuable obéissance à Dieu. En tant que reine de Perse, elle pouvait perdre sa vie en combattant pour son peuple. Dans Esther 4:14, son oncle l'avertit, «*car, si tu te tais maintenant, le secours et la délivrance surgiront d'autre part pour les Juifs, et toi et la maison de ton père vous périrez. Et qui sait si ce n'est pas pour un temps comme celui-ci que tu es parvenue à la royauté?.*» Son destin était de devenir reine de Perse, mais son but était de sauver une nation. Vous avez aussi une nation à sauver.

Tout comme Esther, marcher dans l'impasse de votre avenir est effrayant au début. J'en suis la preuve vivante. Deutéronome 31:8 nous encourage, «L'Éternel marchera lui-même devant toi, il sera lui-même avec toi, il ne te délaissera point, il ne t'abandonnera point; ne crains point, et ne t'effraie point.» Ne perdez pas encore espoir!

N'essayez pas de raisonner là-dessus. La foi est invisible! Dieu pense différemment de nous. La pensée de Dieu est opposée à la nôtre. Si seulement vous saviez quel était le plan de Dieu pour vous et votre vie. Il vous aime et prend soin de vous. Il vous a dans la paume de sa main et il connaît tous les cheveux de votre tête. Il sait ce dont vous avez besoin et comment vous bénir. Il veut une relation personnelle avec vous. Et Il veut que vous sachiez que **VOUS LE VALEZ BIEN.**

Annexe des Écritures

Introduction:

Psaume 37:23 «L'Éternel affermit les pas de l'homme, Et il prend plaisir à sa voie.»

Mes débuts

Ésaïe 41:13 «L'Éternel affermit les pas de l'homme, Et il prend plaisir à sa voie.»

Chapitre 1:

Jérémie 31:3 «De loin l'Éternel se montre à moi: Je t'aime d'un amour éternel; C'est pourquoi je te conserve ma bonté.»

Matthieu 5:9 «Heureux ceux qui procurent la paix, car ils seront appelés fils de Dieu!»

Proverbes 22:6 «Instruis l'enfant selon la voie qu'il doit suivre; Et quand il sera vieux, il ne s'en détournera pas.»

Éphésiens 5:25 «Maris, aimez vos femmes, comme Christ a aimé l'Église, et s'est livré lui-même pour elle.»

Jean 3:16 «Car Dieu a tant aimé le monde qu'il a donné son seul et unique Fils, afin que quiconque croit en lui ne périsse pas mais ait la vie éternelle.»

Chapitre 2:

Éphésiens 2:10 «Car nous sommes son ouvrage, ayant été créés en Jésus Christ pour de bonnes œuvres, que Dieu a préparées d'avance, afin que nous les pratiquions.»

Romains 8:28 «Nous savons, du reste, que toutes choses concourent au bien de ceux qui aiment Dieu, de ceux qui sont appelés selon son dessein.»

Chapitre 3:

2 Corinthiens 12:10 «C'est pourquoi je me plais dans les faiblesses, dans les outrages, dans les calamités, dans les persécutions, dans les détresses, pour Christ; car, quand je suis faible, c'est alors que je suis fort.»

Psaume 121:2 «Le secours me vient de l'Éternel, Qui a fait les cieux et la terre.»

Psaume 62:8 «En tout temps, peuples, confiez-vous en lui, Répandez vos cœurs en sa présence! Dieu est notre refuge!»

Points à considérer:

Romains 12:2 «Ne vous conformez pas au siècle présent, mais soyez transformés par le renouvellement de l'intelligence, afin que vous discerniez quelle est la volonté de Dieu, ce qui est bon, agréable et parfait.»

1 Pierre 2:11 «Bien-aimés, je vous exhorte, comme étrangers et voyageurs sur la terre, à vous abstenir des convoitises charnelles qui font la guerre à l'âme.»

Romains 8:28-30 «Nous savons, du reste, que toutes choses concourent au bien de ceux qui aiment Dieu, de ceux qui sont appelés selon son dessein. Car ceux qu'il a connus d'avance, il les a aussi prédestinés à être semblables à l'image de son Fils, afin que son Fils fût le premier-né entre plusieurs frères. Et ceux qu'il a prédestinés, il les a aussi appelés; et ceux qu'il a appelés, il les a aussi justifiés; et ceux qu'il a justifiés, il les a aussi glorifiés.»

Romains 12:14-16 «Bénissez ceux qui vous persécutent, bénissez et ne maudissez pas. Réjouissez-vous avec ceux qui se réjouissent; pleurez avec ceux qui pleurent. Ayez les mêmes sentiments les uns envers les autres. N'aspirez pas à ce qui est élevé, mais laissez-vous attirer par ce qui est humble. Ne soyez point sages à vos propres yeux.»

1 Corinthiens 10:13 «Aucune tentation ne vous est survenue qui n'ait été humaine, et Dieu, qui est fidèle, ne permettra pas que vous soyez tentés au-delà de vos forces; mais avec la tentation il préparera aussi le moyen d'en sortir, afin que vous puissiez la supporter.»

Philippiens 4:13 «Je puis tout par celui qui me fortifie.»

Mes Errances

Proverbes 7:11 «Elle était bruyante et rétive; Ses pieds ne restaient point dans sa maison.»

Chapitre 4:

Ésaïe 1:5 «Quels châtiments nouveaux vous infliger, Quand vous multipliez vos révoltes? La tête entière est malade, Et tout le cœur est souffrant.»

Matthieu 6:31-32 «Ne vous inquiétez donc point, et ne dites pas: Que mangerons-nous? Que boirons-nous? De quoi serons-nous vêtus? Car toutes ces choses, ce sont les païens qui les recherchent. Votre Père céleste sait que vous en avez besoin.»

VOUS LE VALEZ BIEN!

Psaume 138:7 «Quand je marche au milieu de la détresse, tu me rends la vie, Tu étends ta main sur la colère de mes ennemis, Et ta droite me sauve.»

Psaume 121:7-8 «L'Éternel te gardera de tout mal, Il gardera ton âme; L'Éternel gardera ton départ et ton arrivée, Dès maintenant et à jamais.»

2 Timothée 2:13 «Si nous sommes infidèles, il demeure fidèle, car il ne peut se renier lui-même.»

1 Thessaloniciens 5:24 «Celui qui vous a appelés est fidèle, et c'est lui qui le fera.»

Psaume 46:1 «Dieu est pour nous un refuge et un appui, Un secours qui ne manque jamais dans la détresse.»

Chapitre 5:

Psaume 105:13-15 «Et ils allaient d'une nation à l'autre Et d'un royaume vers un autre peuple; Mais il ne permit à personne de les opprimer, Et il châtia des rois à cause d'eux: Ne touchez pas à mes oints, Et ne faites pas de mal à mes prophètes!»

Psaume 121:7-8 «L'Éternel te gardera de tout mal, Il gardera ton âme; L'Éternel gardera ton départ et ton arrivée, Dès maintenant et à jamais.»

Psaume 46:1 «Dieu est pour nous un refuge et un appui, Un secours qui ne manque jamais dans la détresse.»

Philippiens 4:12 «Je sais vivre dans l'humiliation, et je sais vivre dans l'abondance. En tout et partout j'ai appris à être rassasié et à avoir faim, à être dans l'abondance et à être dans la disette.»

Psaume 138:7 «Quand je marche au milieu de la détresse, tu me rends la vie, Tu étends ta main sur la colère de mes ennemis, Et ta droite me sauve.»

JULIE HOUSE

Psaume 17:8 «Garde moi comme la prunelle de l'œil; Protège-moi, à l'ombre de tes ailes.»

Luc 15:11-32 «Parabole dans la Bible sur le fils prodigue et il rentrait chez lui.»

Luc 15:17 «Étant rentré en lui-même, il se dit: Combien de mercenaires chez mon père ont du pain en abondance, et moi, ici, je meurs de faim!»

Luc 15:18 «Je me lèverai, j'irai vers mon père, et je lui dirai: Mon père, j'ai péché contre le ciel et contre toi.»

Luc 15:24 «Car mon fils que voici était mort, et il est revenu à la vie; il était perdu, et il est retrouvé. Et ils commencèrent à se réjouir.»

Chapitre 6:

Proverbes 3:5-6 «Confie-toi en l'Éternel de tout ton cœur, Et ne t'appuie pas sur ta sagesse; reconnais-le dans toutes tes voies, Et il aplanira tes sentiers.»

Éphésiens 4:14 «Afin que nous ne soyons plus des enfants, flottants et emportés à tout vent de doctrine, par la tromperie des hommes, par leur ruse dans les moyens de séduction.»

Psaume 25:4 «Éternel! Fais-moi connaître tes voies, Enseigne-moi tes sentiers.»

Jacques 1:17 «Toute grâce excellente et tout don parfait descendent d'en haut, du Père des lumières, chez lequel il n'y a ni changement ni ombre de variation.»

Psaume 127:3 «Voici, des fils sont un héritage de l'Éternel, Le fruit des entrailles est une récompense.»

VOUS LE VALEZ BIEN!

Psaume 37:4 «Fais de l'Éternel tes délices, Et il te donnera ce que ton cœur désire.»

Ma Transformation

Romains 12:2 «Ne vous conformez pas au siècle présent, mais soyez transformés par le renouvellement de l'intelligence, afin que vous discerniez quelle est la volonté de Dieu, ce qui est bon, agréable et parfait.»

Chapitre 7:

Jérémie 17:14 «Guéris-moi, Éternel, et je serai guéri; Sauve-moi, et je serai sauvé; Car tu es ma gloire.»

Apocalypse 2:4 «Mais ce que j'ai contre toi, c'est que tu as abandonné ton premier amour.»

Psaume 147:3 «Il guérit ceux qui ont le cœur brisé, Et il panse leurs blessures.»

Psaume 73:26 «Ma chair et mon cœur peuvent se consumer: Dieu sera toujours le rocher de mon cœur et mon partage.»

Philippiens 4:19 «Et mon Dieu pourvoira à tous vos besoins selon sa richesse, avec gloire, en Jésus Christ.»

Matthieu 6:31-33 «Ne vous inquiétez donc point, et ne dites pas: Que mangerons-nous? Que boirons-nous? De quoi serons-nous vêtus? Car toutes ces choses, ce sont les païens qui les recherchent. Votre Père céleste sait que vous en avez besoin. Cherchez premièrement le royaume et la justice de Dieu; et toutes ces choses vous seront données par-dessus.»

Galates 5:24 «Ceux qui sont à Jésus Christ ont crucifié la chair avec ses passions et ses désirs.»

JULIE HOUSE

Psaume 27:1 «L'Éternel est ma lumière et mon salut: De qui aurais-je crainte? L'Éternel est le soutien de ma vie: De qui aurais-je peur?»

Philippiens 4:13 «Je puis tout par celui qui me fortifie.»

2 Corinthiens 4:4 «Pour les incrédules dont le dieu de ce siècle a aveuglé l'intelligence, afin qu'ils ne vissent pas briller la splendeur de l'Évangile de la gloire de Christ, qui est l'image de Dieu.»

Apocalypse 20:10 «Et le diable, qui les séduisait, fut jeté dans l'étang de feu et de soufre, où sont la bête et le faux prophète. Et ils seront tourmentés jour et nuit, aux siècles des siècles.»

2 Corinthiens 6:18 «Je serai pour vous un père, Et vous serez pour moi des fils et des filles, Dit le Seigneur tout puissant.»

Chapitre 8:

Ésaïe 43:1 «Ainsi parle maintenant l'Éternel, qui t'a créé, ô Jacob! Celui qui t'a formé, ô Israël! Ne crains rien, car je te rachète, Je t'appelle par ton nom: tu es à moi!»

Ézéchiel 36:26 «Je vous donnerai un cœur nouveau, et je mettrai en vous un esprit nouveau; j'ôterai de votre corps le cœur de pierre, et je vous donnerai un cœur de chair.»

Ésaïe 41:10-11 «Ne crains rien, car je suis avec toi; Ne promène pas des regards inquiets, car je suis ton Dieu; Je te fortifie, je viens à ton secours, Je te soutiens de ma droite triomphante. Voici, ils seront confondus, ils seront couverts de honte, Tous ceux qui sont irrités contre toi; Ils seront réduits à rien, ils périront, Ceux qui disputent contre toi.»

Philippiens 1:6 «Je suis persuadé que celui qui a commencé en vous cette bonne œuvre la rendra parfaite pour le jour de Jésus Christ.»

Chapitre 9:

Psaume 1:3 «Il est comme un arbre planté près d'un courant d'eau, Qui donne son fruit en sa saison, Et dont le feuillage ne se flétrit point: Tout ce qu'il fait lui réussit.»

Psaume 91:4 «Il te couvrira de ses plumes, Et tu trouveras un refuge sous ses ailes; Sa fidélité est un bouclier et une cuirasse.»

Ésaïe 55:5 «Voici, tu appelleras des nations que tu ne connais pas, Et les nations qui ne te connaissent pas accourront vers toi, A cause de l'Éternel, ton Dieu, Du Saint d'Israël, qui te glorifie.»

Matthieu 13:3-8 «Il leur parla en paraboles sur beaucoup de choses, et il dit: Un semeur sortit pour semer. Comme il semait, une partie de la semence tomba le long du chemin: les oiseaux vinrent, et la mangèrent. Une autre partie tomba dans les endroits pierreux, où elle n'avait pas beaucoup de terre: elle leva aussitôt, parce qu'elle ne trouva pas un sol profond; mais, quand le soleil parut, elle fut brûlée et sécha, faute de racines. Une autre partie tomba parmi les épines: les épines montèrent, et l'étouffèrent. Une autre partie tomba dans la bonne terre: elle donna du fruit, un grain cent, un autre soixante, un autre trente.»

2 Pierre 3:8 «Mais il est une chose, bien-aimés, que vous ne devez pas ignorer, c'est que, devant le Seigneur, un jour est comme mille ans, et mille ans sont comme un jour.»

Éphésiens 4:11 «Et il a donné les uns comme apôtres, les autres comme prophètes, les autres comme évangélistes, les autres comme pasteurs et docteurs.»

1 Corinthiens 12:8-10 «En effet, à l'un est donnée par l'Esprit une parole de sagesse; à un autre, une parole de connaissance, selon le même Esprit; à un autre, la foi, par le même Esprit; à un autre, le don des guérisons, par le même Esprit; à un autre, le don d'opérer des miracles; à un autre, la prophétie; à un autre, le discernement des esprits; à un autre, la diversité des langues; à un autre, l'interprétation des langues.»

Esther 4:14 «C'est peut-être le moment pour lequel vous avez été créée.»

Chapitre 10:

Psaume 56:8-11 «Tu comptes les pas de ma vie errante; Recueille mes larmes dans ton outre: Ne sont-elles pas inscrites dans ton livre? Mes ennemis reculent, au jour où je crie; Je sais que Dieu est pour moi. Je me glorifierai en Dieu, en sa parole; Je me glorifierai en l'Éternel, en sa parole; Je me confie en Dieu, je ne crains rien: Que peuvent me faire des hommes?»

Philippiens 1:6 «Je suis persuadé que celui qui a commencé en vous cette bonne œuvre la rendra parfaite pour le jour de Jésus Christ.»

Romains 1:22 «Se vantant d'être sages, ils sont devenus fous.»

1 Jean 2:16 «Car tout ce qui est dans le monde, la convoitise de la chair, la convoitise des yeux, et l'orgueil de la vie, ne vient point du Père, mais vient du monde.»

Proverbes 21:4 «Des regards hautains et un cœur qui s'enfle, Cette lampe des méchants, ce n'est que péché.»

2 Corinthiens 10:12 «Nous n'osons pas nous égaler ou nous comparer à quelques-uns de ceux qui se recommandent eux-mêmes. Mais, en se mesurant à leur propre mesure et en se comparant à eux-mêmes, ils manquent d'intelligence.»

Abdias 1:3 «L'orgueil de ton cœur t'a égaré, Toi qui habites le creux des rochers, Qui t'assieds sur les hauteurs, Et qui dis en toi-même: Qui me précipitera jusqu'à terre?»

VOUS LE VALEZ BIEN!

Galates 5:19-21 «Or, les œuvres de la chair sont manifestes, ce sont l'impudicité, l'impureté, la dissolution, l'idolâtrie, la magie, les inimitiés, les querelles, les jalousies, les animosités, les disputes, les divisions, les sectes, l'envie, l'ivrognerie, les excès de table, et les choses semblables. Je vous dis d'avance, comme je l'ai déjà dit, que ceux qui commettent de telles choses n'hériteront point le royaume de Dieu.»

Joël 2:12-13 «Maintenant encore, dit l'Éternel, Revenez à moi de tout votre cœur, Avec des jeûnes, avec des pleurs et des lamentations! Déchirez vos cœurs et non vos vêtements, Et revenez à l'Éternel, votre Dieu; Car il est compatissant et miséricordieux, Lent à la colère et riche en bonté, Et il se repent des maux qu'il envoie.»

Psaume 51:10-12 «O Dieu! Crée en moi un cœur pur, Renouvelle en moi un esprit bien disposé. Ne me rejette pas loin de ta face, Ne me retire pas ton esprit saint. Rends-moi la joie de ton salut, Et qu'un esprit de bonne volonté me soutienne!»

Jacques 4:8 «Approchez-vous de Dieu, et il s'approchera de vous. Nettoyez vos mains, pécheurs; purifiez vos cœurs, hommes irrésolus.»

Psaume 143:8 «Fais-moi dès le matin entendre ta bonté! Car je me confie en toi. Fais-moi connaître le chemin où je dois marcher! Car j'élève à toi mon âme.»

Chapitre 11:

1 Samuel 15:22 «Samuel dit: L'Éternel trouve-t-il du plaisir dans les holocaustes et les sacrifices, comme dans l'obéissance à la voix de l'Éternel? Voici, l'obéissance vaut mieux que les sacrifices, et l'observation de sa parole vaut mieux que la graisse des béliers.»

JULIE HOUSE

Josué 1:9 «Ne t'ai-je pas donné cet ordre: Fortifie-toi et prends courage? Ne t'effraie point et ne t'épouvante point, car l'Éternel, ton Dieu, est avec toi dans tout ce que tu entreprendras.»

Jean 14:15 «Si vous m'aimez, gardez mes commandements.»

Michée 7:7 «Pour moi, je regarderai vers l'Éternel, Je mettrai mon espérance dans le Dieu de mon salut; Mon Dieu m'exaucera.»

Psaume 130:5 «J'espère en l'Éternel, mon âme espère, Et j'attends sa promesse.»

Psaume 46:10 «Arrêtez, et sachez que je suis Dieu: Je domine sur les nations, je domine sur la terre.»

Psaume 37:7 «Garde le silence devant l'Éternel, et espère en Lui.»

Psaume 5:3 «Éternel! Le matin tu entends ma voix; Le matin je me tourne vers toi, et je regarde.»

Psaume 27:14 «Espère en l'Éternel! Fortifie-toi et que ton cœur s'affermisse! Espère en l'Éternel!»

Éphésiens 4:11-12 «Et il a donné les uns comme apôtres, les autres comme prophètes, les autres comme évangélistes, les autres comme pasteurs et docteurs, pour le perfectionnement des saints en vue de l'œuvre du ministère et de l'édification du corps de Christ.»

Matthieu 6:33 «Cherchez premièrement le royaume et la justice de Dieu; et toutes ces choses vous seront données par-dessus.»

Proverbes 3:5 «Confie-toi en l'Éternel de tout ton cœur, Et ne t'appuie pas sur ta sagesse.»

Ésaïe 12:2 «Voici, Dieu est ma délivrance, Je serai plein de confiance, et je ne craindrai rien; Car l'Éternel, l'Éternel est ma force et le sujet de mes louanges; C'est lui qui m'a sauvé.»

VOUS LE VALEZ BIEN!

Philippiens 4:7 «Et la paix de Dieu, qui surpasse toute intelligence, gardera vos cœurs et vos pensées en Jésus Christ.»

Matthieu 6:26 «Regardez les oiseaux du ciel: ils ne sèment ni ne moissonnent, et ils n'amassent rien dans des greniers; et votre Père céleste les nourrit. Ne valez-vous pas beaucoup plus qu'eux?»

Hébreux 6:18 «Afin que, par deux choses immuables, dans lesquelles il est impossible que Dieu mente, nous trouvions un puissant encouragement, nous dont le seul refuge a été de saisir l'espérance qui nous était proposée.»

Josué 1:3 «Tout lieu que foulera la plante de votre pied, je vous le donne, comme je l'ai dit à Moïse.»

Deutéronome 11:24 «Tout lieu que foulera la plante de votre pied sera à vous: votre frontière s'étendra du désert au Liban, et du fleuve de l'Euphrate jusqu'à la mer occidentale.»

Jacques 1:17 «Toute grâce excellente et tout don parfait descendent d'en haut, du Père des lumières, chez lequel il n'y a ni changement ni ombre de variation.»

Jean 15:16 «Ce n'est pas vous qui m'avez choisi; mais moi, je vous ai choisis, et je vous ai établis, afin que vous alliez, et que vous portiez du fruit, et que votre fruit demeure, afin que ce que vous demanderez au Père en mon nom, il vous le donne.»

Jacques 4:10 «Humiliez-vous devant le Seigneur, et il vous élèvera.»

Chapitre 12:

Esaïe 40:31 «Mais ceux qui se confient en l'Éternel renouvellent leur force. Ils prennent le vol comme les aigles; Ils courent, et ne se lassent point, Ils marchent, et ne se fatiguent point.»

1 Samuel 16:7 «Et l'Éternel dit à Samuel: Ne prends point garde à son apparence et à la hauteur de sa taille, car je l'ai rejeté. L'Éternel

JULIE HOUSE

ne considère pas ce que l'homme considère; l'homme regarde à ce qui frappe les yeux, mais l'Éternel regarde au cœur.»

2 Timothée 2:21 «Si donc quelqu'un se conserve pur, en s'abstenant de ces choses, il sera un vase d'honneur, sanctifié, utile à son maître, propre à toute bonne œuvre.»

2 Corinthiens 4:7 «Nous portons ce trésor dans des vases de terre, afin que cette grande puissance soit attribuée à Dieu, et non pas à nous. Cela montre clairement que notre grande puissance vient de Dieu et non de nous-mêmes.»

Philippiens 1:6 «Je suis persuadé que celui qui a commencé en vous cette bonne œuvre la rendra parfaite pour le jour de Jésus Christ.»

Nombres 13 (Lire le chapitre en entier)

Nombres 14:24 «Et parce que mon serviteur Caleb a été animé d'un autre esprit, et qu'il a pleinement suivi ma voie, je le ferai entrer dans le pays où il est allé, et ses descendants le posséderont.»

Jérémie 30:17 «Mais je te guérirai, je panserai tes plaies, Dit l'Éternel. Car ils t'appellent la repoussée, Cette Sion dont nul ne prend souci.»

Joël 2:25 «Je vous remplacerai les années Qu'ont dévorées la sauterelle, Le jélek, le hasil et le gazam, Ma grande armée que j'avais envoyée contre vous.»

Psaume 103:5 «C'est lui qui rassasie de biens ta vieillesse, Qui te fait rajeunir comme l'aigle.»

Éphésiens 4:22-24 «Eu égard à votre vie passée, du vieil homme qui se corrompt par les convoitises trompeuses, à être renouvelés dans l'esprit de votre intelligence, et à revêtir l'homme nouveau, créé selon Dieu dans une justice et une sainteté que produit la vérité.»

VOUS LE VALEZ BIEN!

1 Pierre 2:9-10 «Vous, au contraire, vous êtes une race élue, un sacerdoce royal, une nation sainte, un peuple acquis, afin que vous annonciez les vertus de celui qui vous a appelés des ténèbres à son admirable lumière, vous qui autrefois n'étiez pas un peuple, et qui maintenant êtes le peuple de Dieu, vous qui n'aviez pas obtenu miséricorde, et qui maintenant avez obtenu miséricorde.»

Jacques 1:2-3 «Mes frères, regardez comme un sujet de joie complète les diverses épreuves auxquelles vous pouvez être exposés, sachant que l'épreuve de votre foi produit la patience.»

Jacques 1:12 «Heureux l'homme qui supporte patiemment la tentation; car, après avoir été éprouvé, il recevra la couronne de vie, que le Seigneur a promise à ceux qui l'aiment.»

Genèse 37:7 «Nous étions à lier des gerbes au milieu des champs; et voici, ma gerbe se leva et se tint debout, et vos gerbes l'entourèrent et se prosternèrent devant elle.»

Genèse 37:9 «Il eut encore un autre songe, et il le raconta à ses frères. Il dit: J'ai eu encore un songe! Et voici, le soleil, la lune et onze étoiles se prosternaient devant moi.»

Deutéronome 31:8 «L'Éternel marchera lui-même devant toi, il sera lui-même avec toi, il ne te délaissera point, il ne t'abandonnera point; ne crains point, et ne t'effraie point.»

A propos de l'Auteur

Julie désire vivre dans un monde établi avec l'ordre du royaume et voir Dieu comme la plus haute priorité dans la vie de chacun, où l'amour de Dieu remplit tous les cœurs afin qu'ils puissent marcher dans leur destin et leur but, comme Il l'a voulu.

En tant qu'auteur, son voyage commence par «*Vous en valez la peine,*» qui est le résultat direct de son obéissance à l'appel de Dieu sur sa vie. Découvrez comment Dieu l'a transformée de l'intérieur alors qu'elle planait comme un aigle atteignant son plein potentiel en Jésus-Christ. Julie a un fils, Isaac, et ils vivent tous les deux sur la Côte-Est des États-Unis. Julie aime se pelotonner et lire un bon livre, regarder des films, voyager et faire des activités en plein air.

Contribution

L'appel de Dieu sur ma vie est unique et pertinent sur la terre maintenant! Trop de gens sont pris au piège de leur passé et doivent être libérés. Vous sentez-vous indigne, indésirable, mal aimé ou rejeté, ou connaissez-vous quelqu'un qui est pris au piège et qui souffre?

Aidez-moi à rendre ministère à leur cœur. Votre soutien leur donnera l'espoir et l'inspiration pour les transformer en de belles, confiantes et fortes femmes que Dieu a voulues. Contribuez dès aujourd'hui!

Contactez Julie:

www.JulieHouse.org

www.facebook.com/YouAreWorthItMinistries

YouAreWorthItMinistries@gmail.com

www.ingramcontent.com/pod-product-compliance
Lightning Source LLC
Chambersburg PA
CBHW050300120526
44590CB00016B/2428